Andreas Gryphius

# Carolus Stuardus

### Trauerspiel

Andreas Gryphius: Carolus Stuardus. Trauerspiel

Erste Fassung entstanden 1649, überarbeitete zweite Fassung 1663.
Erstdruck in: »Deutscher Gedichte Erster Theil«, dritter Band, Breslau
(Lischke), 1657. Früheste nachweisbare Aufführung 1650, Schultheater,
Thorn.

Neuausgabe mit einer Biographie des Autors
Herausgegeben von Karl-Maria Guth
Berlin 2016

Der Text dieser Ausgabe folgt:
Andreas Gryphius: Carolus Stuardus. Herausgegeben von Hans Wagener,
Stuttgart: Philipp Reclam jun., 1972 [Universal-Bibliothek Nr. 9366/67].

Die Paginierung obiger Ausgabe wird hier als Marginalie zeilengenau
mitgeführt.

Umschlaggestaltung von Thomas Schultz-Overhage unter Verwendung
des Bildes: Daniël Mijtens, König Karl I., 1631

Gesetzt aus der Minion Pro, 11 pt

Verlag: Henricus - Edition Deutsche Klassik GmbH
Mörchinger Str. 33, 14169 Berlin, info@henricus-verlag.de
Druck: Libri Plureos GmbH, Friedensallee 273, 22763 Hamburg

Die Ausgaben der Sammlung Hofenberg basieren auf zuverlässigen
Textgrundlagen. Die Seitenkonkordanz zu anerkannten Studienausgaben
machen Hofenbergtexte auch in wissenschaftlichem Zusammenhang
zitierfähig.

ISBN 978-3-8430-9368-2

Bibliografische Information der Deutschen Nationalbibliothek

Die Deutsche Nationalbibliothek verzeichnet diese Publikation in der
Deutschen Nationalbibliografie; detaillierte bibliografische Daten sind
im Internet über www.dnb.de abrufbar.

# Nobilis. Ampliss. et Consultiss. Viro. dn. Godofredo Textori.

## Haereditario in Mersin. Lygio-Bregensi ac Wolaviensi Secretario

## Domino & Amico Colendo.

CAROLUM Tragoediam, postquam nuper ultimùm recognovi, ac quod dudum publico pollicitus, uberiore facinoris atrocissimi adumbratione insignem theatro reddidi; Tu maximè occurrebas VIR NOBILISSIME, cujus fidei atq; Tutelae permitterem scriptum ambigua huc usqve judiciorum statera libratum. Ut ut enim, qvibus cordi fas, decorq; rerum atqve integritas recti ingente encomio exornarint Poema, qvod paucos intra dies attonito, atq; vix condito in hypogaeum REGIS cadavere sceleris horror expressit: fuere tamen qvi censerent imprudentem me, haud tantum nimis ex propinqvo, sed qvasi ipso parricidii momento Sontes arguere. Alii stilo nimis acri, signum qvasi ultionis dare contendebant, absit enim illos ut morer qveis flagitii aestimium inerat. Absolvit tandem Germania fermè universa insons carmen, qvae Tertiùm Tragoediam hanccce meam flagitabat. Itaq; ne spernere judicium Serenissimorum, atqve Illustrissimorum, deniq; Eorundem viderer, qvi omne in hisce studiis aevum trivere, opus REGIO CRUORE horridum, denuo aggressus, addidi quae & longior dies, & nonnulli qva scriptis in publicum, qva monitis calamoq; sollicito rerum earundem detexere. Tuum verò Nomen VIR NOBILISSIME atqve AMPLISSIME vel ideò praefigere mihi visum; memorem ut me testarer temporis illius qvo post decennium ab exteris reducem volupe Tibi fuit Fraustadii noscere Hominem, qvem dein omni conatu amplectendum rebare. Hinc qvotiescunq; data occasio, extollere Tu, Amicum, conciliare mihi tum Viros Maximos: alia deniqve & nova Exilia cogitanti, injicere manum, & excutere animo desiderium eorum, ad qvae turn in remota latè loca vocabar. Imputent alii suis in me studiis, qvod Patria me retineat; dum constet incitamento

Te fuisse, illis ut me legerent, mihi ut haererem. Sed & tristiora, subinde animi Tui sensa nudavere; cum crebro, Dulcissimorum funere consternatum, solatio fulcires, & qvoties fortuna contra daret, spei meae consuleres. Nec mutasse Te, utut nos locorum intercapedo jam destineat, nuper accepi, cum Filiolae meae cladem miserarere. Adde alia quae spondent haud ingratum Tibi fore, hoc qvod dico munus. Vix mihi decretum fuerat ordiri haecce mortualia, cum creber monitor opus urgeres. Obrepebat tum mihi maestissimo nescio qvis torpor & scriptionis taedium. Tu solari curas, & me mihi reddere. Formidabam publico credere foetum praematurum: Tu omni ope editionem promovere. Habe ergo qvod adoptione adsciscas, sed expolitum: cum rude id Tibi perplacuerit. Postremum libuit TRAGOEDIAM ad TE mittere, qvi, qvae hocce genus scripti exigat, aprimè nosti. Itaq; exprimendo huic parricidio, colores qvi decent, adhibuerim nec ne; Tuum erit statuere. Sane, si ullibi, hic certè obtinet illud Petronii: *Non res gestae versibus comprehendendae sunt, qvod longe melius historici faciunt: sed per ambages, Deorum, adde & spectrorum, Larvarumq; ministeria, & fabulosum sententiarum tormentum praecipitandus est liber spiritus, ut potius furentis animi Vaticinatio appareat, qvam religiosae orationis sub testibus fides.* Qvamvis igitur seriem sceleris immutare, aut penitus evertere, mihi haud fuerit integrum: ea tamen Peripetiarum Varietate theatrum hoc instruxi, ut plura me jam olim praedixisse, qvàm narrasse non nemo affirmarit. Sed Tui, ut dixi, haec arbitrij sunto! nec enim pluribus TE detinere visum, plus satis iis ut constat libellis occupatum qvos CELSISS. ILLUSTRISSIMUSq; PRINCEPS, dum curarum partem in Te devolvit, integritati Tuae atq; sollicitudini permisit. Salve, & dum supplicum precibus continuus, emolumento publico, commodo singulorum faves: & hos faeda suorum conjuratione oppressi REGIS innocentissimos qvaestus admitte. Sic PRINCIPI CELSISS. Sic Ducatui sospitem diu servet supremus Regum atq; populorum Arbiter DEUS, quod vovet & Animo

Nobil. Amplitud. T.
addictiss.
A. Gryphius.

Glogov Idib. Januar.
A. cIc Ic CLXIII.

# Epitaphium Cromwellii

Sta Viator,
Si stare sustines
Ad Tumulum TYRANNI
Cujus Jussu & Auspiciis
Magnae Britanniae ATLAS corruit.
Principes Insularum Colossi cecidere.
imo
Monumentum Charitatis prorsus sublatum.
Noli mirari Vastum hoc Frontispicium.
*Fastus* Vasta amat.
Et cujus dextera sceptrum & diadema
Imo ipsam securitatem securi subjecit;
Hujus cineres MODERATA detrectant.

HIC EST, AUT FUIT

Nescio enim an sub hoc marmore qviescere
possit, aut voluerit,
Qui vivus, nec usqvam, nec unqvam qvievit,
Perversus semper, & ad omne motuum genus procax.

OLIVERIUS CROMWELLIUS.

Nobilis sceleribus Anglus.
Subditorum Pessimus.
Qvi mediocriter litteris imbutus.
Ruri egit.
Horrenti adhuc dum Publico
Pestem Publicam,
Ubi decoctor factus, facultatum Paternarum
Armata tandem Egestate
Falcem misit in alienam
Imo Regiam messem.
Turbis enim undiqve inter Insulanos erumpentibus
Junxit se malevolorum turmis.
Et debellare ausus
Qvam defendere par fuisset Purpuram.

Flagitiis & consiliis ejus Improbissimis
Immeritò qvidem, prosperè tamen succedentibus
Et Felix, & Prudens inter suos audivit,
Sed revera PATRIAE Percussor.
Qvi cum omnium cervices appetere simul non valeret

INDEPENDENTIUM PRINCEPS

Aggressus est eam a qva omnes pendebant.
Et novo prorsus facinore.
Sons Insontem accusavit,
Reus REGEM damnavit.
Et subjectus SERVUS Securi DOMINUM subjecit.
Deinde PROTECTOR Reipublicae proclamatus
Aut seipsum potius subornato ore proclamans
Religionem Impietati,
Venenis Remediorum titulos,
Olivam gladio
Et AEqvitatem Tyrannidi praetexens
Feliciores vitae dies non Albo sed Rubro calculo notavit.
Et omnes damnavit absq; sangvinis effusione elapsos.
Inter tot concatenata facinora
Rarissimo retrò seculis exemplo,
Omne Regium Nomen
Et qvicqvid purpurae fuit
Inaudita rabie proculcans
In Solio Stuartorum
Veris regni Haeredibus indignè exulantibus
Inter adscita Regni ornamenta
Et personatos Imperii characteres,
Haud paucos Christianorum Principum Oratores
Si non gratulantes, tamen qvasi Amicos audivit.
Et innumeras paenè Conjurationes
Percusso REGI,
Profligati Hominis sangvine jam jam parentaturas
Fulguris instar evanescere vidit.

9

Tandem Rebus ex Voto, certe suo, Compositis
Tranqvilla mente,
Imo ut apparebat
Inter Felicioris Vitae desideria
Certè suspiria multorum
Turbulentum Spiritum placidè exhalavit.
Abi Viator.
Mirare tragica mortalium ludibria.
Et venerari disce Regium fastigium.
Caeterùm
Noli inqvirere in latentes rerum Causas
Et mira Numinis effata,
Sed tacito potius horrore ingemisce:

REX SICA PERIIT, SED SICCA MORTE TYRANNUS.

C.H.A.H.S. Caes. Maj.
Consiliar.

10

# Personen

In dem Trauer-Spill erscheinen

## Als Redende

Der Geist Mariae Stuartae, Königin von Schottland.

Der Geist Thomae Wentworts, Graffen von Straffort Königlichen Stadthalters in Irrland.

Der Geist Wilhelm Lavds, Ertzbischoffs von Cantelberg.

Carl Stuard, König von Groß-Britannien.

Elisabeth,
Henrich, Hertzog von Glocester, des Königs jüngste Kinder.

D. Juxton, Bischoff von Londen.

Hoffmeister des Chur Fürst Pfaltz Graffens.

Thomas Fairfax, Feldherr der Engelländischen Heere/ oder General.

Seine Gemahlin.

Ein Edelknabe/ welcher ihr auffwartet.

Olivir Cromwel, Stadthalter des Feldherren oder Lieutenant.

Gesandten der Schotten.

Gesandten aus Holland.

Zwey Engelländische Grafen.

Matthias Thomblinson, Obrist.

Franciscus Hacker, Obrist.

Noch zwey Obristen.

Daniel Axtel, Obrist.

Hugo Peter. Ein Geistlicher. Der Vhrheber der ungebunden oder freyen Geister Independenten genant / und zugleich Krigs-Obrister. 11

Wilhelm Hewlet, Obrister und Mörder des Königs.

Poleh. Einer aus des Königs Richtern.

Die Rache.

## Als Stumme

Die Edelen welche dem König auffwarten.

Die Stats Jungfern der Königl. Fräulin.

Leibwache des Feldherren.

Diner der Gesandten.

Krig / Ketzerey / Pest / Tod / Hunger / Zweytracht / Furcht / Eigenmord / welche der Rache nachfolgen.

Dorißlar vermummet.

In den Vorstellungen werden abgebildet Carl der II. nebenst dehnen vor Ihm knienden und schwerenden Vnterthanen.

Die Leiche Bratshaws. Iretons und Cromwels.

Die Hencker / welche Hugo Petern und andere hinrichten.

Die Reyen sind die Geister derer in Engelland ermordeten Könige. Der Syrenen / der Engelländischen Frauen und Jungfern / des Gottesdinsts oder Religion und der Ketzer.

Der Schauplatz bildet ab Londen / und den Königlichen Hoff. Das Traur-Spill beginnet umb Mitternacht und endet sich umb die dritte Stunde nach Mittage.

12

# Die Erste Abhandelung [1]

*Die Gemahlin des Feld Herren Fairfax.*

So ist / ihr Himmel / dann die letzte Nacht vorhanden.
Die wie man leider wähnt / den König in den Banden
Doch auch bey Leben find / und drewt der nächste Tag
Des frömsten Fürsten Hals mit dem verfluchten Schlag /
Der Krone / Zepter / Reich und Throne wird zusplittern /
Vnd die erschreckte Welt durch disen Fall erschüttern?
Sind aller Hände los? Wil nimand widerstehn?
Sol Carl vor seiner Burg so schändlich untergehn?
Vnd wie leicht Glück und Zeit sich ändern und verkehren
Durch den verfluchten Tod ohn Seel und Haubt bewehren?
Bebt die ihr herscht und schafft! bebt ob dem Trauerspill!
Der welchem Albion [2] vorhin zu Fusse fill:
Soll auff dem Mord-gerüst in seiner Haubt-Stadt sincken
Vor schnöder Hencker Fuß! dem alles auff ein Wincken
Zu Dinst und Willen stund; wird freventlich gefast
Verurtheilt und enthalst vor seinem Erb-Palast!
Kein Mann beut Hand noch Hülff! ist schon das Land bestürtzet;          13
Traurt gleich das weite Reich / doch bleibt der Mutt verkürtzet!
Ein unerhörte Furcht nimt aller Seelen ein /
Der Britten König steht in Albion allein!
Wol dann! weil euch die Seel' Ihr Männer gantz entgangen;

1    bilde ihm der Leser nicht ein / daß das Gespräch des Feld Obristen mit
     seiner Gemahlin / und derselbigen Anschlag den König zu retten /
     meine Erfindung sey; sondern es wird solches vor eine ausdrückliche
     Warheit ausgegeben / von Herren Conte Bisaccioni, in seiner Geschicht-
     beschreibung des Bürgerlichen Kriges von Engelland in 107. und folgen-
     den Seiten des andern Buchs / so gedruckt zu Venedig durch Francisco
     Storti. Da der Leser wo nicht eben dise Worte derer ich mich allhir ge-
     brauchet / doch deren Inhalt finden wird.

2    V. 12. Ist der Name welcher vor Zeiten Engelland und Schottland gegeben
     / von den weissen Felsen so an derselbigen See ligen. Andere wollen mehr
     darüber halten es sey dises ein alter Engelländischer Namen /massen die
     Schotten noch heute ihr Land Albin nenneten.

Wil ich / Ich schwächstes Weib mich dessen unterfangen /
Was Zeit / Mitleiden / Treu / Recht / Tugend / Vnschuld / heist.
Du aller Fürsten Fürst! ermuntre meinen Geist.
Erwecke den Verstand / gib Wort auff meine Lippen /
Gib Licht ins Hertz / daß ich die ungeheuren Klippen
Behutsam meid / und ob ich etwa Segel streich;
Jedoch (obwol durch Sturm) gewündschtes Land erreich.
Zwey die mein Ehgemahl stets ohne falsch befunden;
Die haben schon mit mir auffrichtig sich verbunden
Vnd meinen Rath belibt. Fällt mein Gemahl mir bey;
So geht der Anschlag fort / so ist der König frey.
So hab ich unser Heil und Brittens Ehr erhalten.
So wird mein eigen Ruhm durch keine Zeit veralten.
So wird / wer itzund lauscht als sonder Hertz und Rath /
Wenn dise Sturm-Wolck hin beneyden meine That /
Vnd eyfern meinen Ruhm durch Treu zu übersteigen
Vnd kracht der Himmel / sich behertzter zu erzeigen
Ja suchen

*Fairfax und seine Gemahlin.*

Wie daß ich mein Licht sie alhir find?
GEMAHLIN.
Wie daß die Gäste schon / mein Trost / geschiden sind?
FAIRFAX.
Mein Engel! es wird spät! auch weiß sie zu was Sorgen
Der nahe Tag uns ruff'.
GEMAHLIN.
Es muß ihn nechster Morgen
In neuer Ehre schaun!
FAIRFAX.
Mein Trost zu ihrer Ehr.
GEMAHLIN.
Wahr ists das für und für ich neuen Ruhm anhör /
Den seiner Tugend nur mein Glück allein zu dancken /
Sein hoher Name wird / weil Menschen stehn / nicht wancken.
Er hat der Länder Recht auff festen Fuß gesetzt.
Er hat den schwachen Statt / der tödtlich fast verletzt
Durch Königliche Sig' / aus letzter Angst gerissen.

Es wird von seinem Fleiß die greise Nach-Welt wissen;
Krafft des Er beyde Reich vereinigt / und durch Macht
Mehr durch Verstand zu Ruh und in Gehorsam bracht.
Er siht was wider Ihn Schwerdt oder Stahl erhoben;
Gebunden oder tod. Die Völcker sind verstoben
Die so von West als Nord mit neuer Glutt gedreut.
FAIRFAX.
Die Flott ist uns zu Dinst und Stuards Heer zerstreut.
GEMAHLIN.
Gantz Albion gestehts daß seine tapfre Thaten
FAIRFAX.
Bey höchst verwirrtem Werck' und über Wundsch gerathen.
GEMAHLIN.
Kont' etwas auff der Welt mir angenehmer seyn?
Mir / die ich vor der Welt durch seine Stralen schein?
Mir / die in keuscher Eh der grosse Fairfax libet /
Mir / der er seine Seel' allein zu eigen gibet /
Mir / der ich Brittens Ruhm in Hertz und Armen schliß;
Die außer Ihm mich selbst und Welt und alles Miß?
FAIRFAX.
Mein Licht ihr hoher Geist / und die erläuchten Sinnen /
Die auch der Glider Ros' und Liljen abgewinnen.
Die immer neue Glutt die ich in Ihr verspür:
Verbinden mein Gemütt auff stets. Ich hab an Ihr
Das Höchste was Gott hir den Menschen kan verleihen.
GEMAHLIN.
Ich kan mich aller Gunst des leichten Glücks verzeihen
Nun der geneigte Gott dem Helden mich vermählt /
Dem keiner sich vergleicht. Nun mich der Held erwehlt
Der ein verbunden Hertz auch unvergleichlich libet.
FAIRFAX.
Ein Hertz das Anlaß stets zu neuer Libe gibet.
GEMAHLIN.
Auch wol zu neuen Ruhm (da mir zu reden frey.)
FAIRFAX.
Mein Engel! Sie begehr / es sey auch was es sey.
GEMAHLIN.
Ich weiß / mein Leben kan mir keine Bitt abschlagen /

15

FAIRFAX.

Eh' wolt ich Stahl und Qual und grimsten Tod' ertragen.

GEMAHLIN.

Ich fuß' auff dise Gunst und bring Ihm etwas vor
Was aller Zeiten Zeit mit nie verstopfftem Ohr
Von ungemeinem Ruff wird ewig preisen hören:
Mein Licht! Ich ruff ihn auff die Staffel höchster Ehren.

FAIRFAX.

Ich weiß ihr hoher Geist durchforscht der Sachen Grund /
Vnd gab wol ehmals ihr schön' Anschläg in den Mund.
Sie melde was sie wündscht. Ich hör es sonder weigern.

GEMAHLIN.

Ein Stück ists daß sein Lob kan auff unendlich steigern.
Ich heische Tapferkeit: doch die gar ungemein.
Kan mein Gemahl was mehr / denn höchst-großmüttig seyn?

FAIRFAX.

Worinnen soll ich doch die Tapferkeit erweisen?

GEMAHLIN.

In dem daß er verzeih und Gnad uns lasse preisen

FAIRFAX.

Gnad und verzeihen? Hertz wie? mangelt diß in mir?

GEMAHLIN.

Anitzt! Er stell ihm Herr des Königs Vrtheil für?
Anitzt ists Zeit sein Angst / doch mässig / zu versüssen.
Anitzt ists Zeit die Band und Kercker auffzuschlissen.
Was spilt Gelegenheit Ihm Herr nicht in die Hand?
Wird diser Tag verschertzt / läst er diß teure Pfand
Der Tugend Ihm entgehn; So ists auf stets verlohren.
Mein Licht. Er steht bestürtzt? Was hat er nicht geschworen[3]

---

3    V. 98. Fairfax der den König in dem Namen gedachter Engelländischer
     Reichsstände von den Schotten angenommen hat aus freyem Willen das
     heilige Abendmal darauff empfangen / zum gewissen Zeugnüß daß dem
     Könige kein Leid geschehen solte. Erhöhete Majestät Carl des Zweyten
     in dem I. Buch p. 78. Fairfax hat zwar seine Wortt / sonderlichen anfangs
     / da es mehr als damals in seiner Gewalt gestanden / und die Krigs-Be-
     dinten noch Meistentheils des Königs Freunde zu seyn schinen / bester-
     massen beobachtet / denn er nam den König an mit höchster Ehrerbitig-
     keit / und ließ ihn eben als wenn er gantz frey gewesen recht Königlich
     und mit aller Höfligkeit bedinen. Aber wie die anderen ihren so theuren

Als er in Calidon – – –

FAIRFAX.

Ach Hertz! was gibt sie an!

Diß ist ein Rath der Beid' auff ewig stürtzen kan.

Libt mich mein Trost nicht mehr? und solt ich diß wol glauben?

So ist es schon genung die Seele mir zu rauben.

Libt sie dann (wie sie pflag) so reitzt der Vberfluß

Von Ehrendurst sie fort zu unbedachtem Schluß /

Der mir den Hals abspricht / und sie in tiffste Schmertzen

Vertäufft. Wo denck' ich hin? Es läst sich hir nicht schertzen.

So bald der König nur auff freyen Fuß gestelt;

So schleust der Kercker mich der Ihn geschlossen hält.

So werd auff dem Gerüst das vor Ihn auffgebauet /

Ich bluttig und enthalsst / statt seiner angeschauet.

Drumb schlage sie / mein Licht / den Anschlag aus der Acht

Wo eine Gunst zu mir in ihrem Hertzen wacht.

Sie glaube daß ich nicht was von Ihr komt verwerffe;

Nur daß ich nicht das Beil auff meinen Nacken schärffe.

Sie glaub ich achte nicht zu vil mein eigen Heil;

Doch ist ihr Leben mir und Wolfahrt noch nicht feil.

Gesetzt auch daß ich Sie aus meiner Seelen stelte;

Vnd selbst auff mich und sie so grimmig Vrtheil fällte;

Wird nicht der Heere Macht nechst dehnen widerstehn /

Die mir schir jede Stund an beiden Seitten gehn?

Wird Cromwel Stadt und Land und Reich nicht auff mich hetzen?

Wird nicht das Vnterhauß sich grimmigst widersetzen?

Mein Licht! den Rath laß ich auff seinen Würden ruhn:

Doch läst was herrlich scheint und gutt / nicht stets sich thun.

GEMAHLIN.

Es sey daß ich mich nicht nach Vorsatz hab erklehret;

Es sey daß er was ich / nicht unbedacht / begehret

In Eil hab überhört (wie leicht ein Wort verrinnt

Wann der bemühte Geist nur nach den Sachen sinnt /)

Mein Herr beachtet nicht die Richt-schnur meiner Bitten.

Eydschwur betrachtet / werden wir bald vernehmen: eben daselbst in der 79. Seiten.

FAIRFAX.

    Ich weiß / Ihr Vorsatz kommt aus hochgesinnten Sitten.

GEMAHLIN.

    Mein Herr / diß ist es nicht was er erwegen soll.

    Er denck' auff meine Red' und so kommt alles woll.

    Anitzt ists Zeit sein Angst / doch mässig zu versüssen

    Ich wil Gnad und dennoch Maß in Genade wissen.

    Er hat der Länder Heil / der Häuser Recht versehrt /

    Er hat der Britten Ruh durch grimmen Krig verstört /

    Er ist nicht wehrt das Schwerdt und Reichs-stab mehr zu führen;

    Es sey! ich steh es zu / er soll den Hals verliren:

    Mein Hertz das ist zu vil / hir / hir /

FAIRFAX.

    Recht! ich versteh

    Wo mich Vernunfft nicht treugt; worauff mein Engel geh.

GEMAHLIN.

    Ich bitt / umb / was ihm leicht zuthun

FAIRFAX.

    Vmbs Königs Leben?

GEMAHLIN.

    Recht / doch so / daß er sich durchauß nicht könn' erheben /

    Noch wider Reich noch uns

FAIRFAX.

    Ich hör es was sie mein' /

    Sie wil das Carl vergeh' / in langer Kercker Pein?

    Ach Hertz! es ist sehr schwer vor ein durchlaucht Gemütte!

    Meint sie das Stuard selbst bewillig ihre Bitte?

    Nein sicher! so ein Geist der nicht an Erden klebt /

    Der nimand dinen kan / der durch die Lüfften schwebt

    Verlacht den grimsten Tod / und zagt ob stetten Banden.

    Das Beil krönt seinen Ruhm / die Fessel seine Schanden.

    Sie dann versichre sich / das Carl sein Ende küß /

    Daß Ihn der kurtze Tod aus langer Qual entschliß /

    Daß Ihn nichts schwerer drück' als Kerker / Wach' und Schlösser /

    Das Gnade die sie sucht nicht seinen Stand verbesser /

    Wol seine Noth vermehr'! Ach! wer Mitleidens voll;

    Spürt numehr was man itzt dem Fürsten wündschen soll!

GEMAHLIN.

Das Carl in stetem Weh' in Stanck und Kercker schmachte /

Daß Ihn was vormals Ihm zu Willen stund verachte;

Ist gantz mein Vorsatz nicht. Wer so vergraben sitzt;

Ist mehr denn lebend todt er hört was auff Ihn spitzt /

Er fühlt wie er verhönt / beseufftzt was er verlohren /

Es scheint ob würd' er stets zu Schmertzen neu geboren /

FAIRFAX.

Was schlägt sie mir denn vor / zu lindern seinen Stand.

GEMAHLIN.

Man schick Ihn durch die See in ein benachbart Land.

FAIRFAX.

Wie Hertz! daß er uns frey zu neuer Rach' entrinne?

GEMAHLIN.

Vnd neue Gunst zu uns durch Gunst bestürtzt gewinne.

FAIRFAX.

Daß er was Freund / was Feind auffs neu auf uns erreg?

GEMAHLIN.

Schaut wer den Harnisch itzt zu seinem Dinst anleg

FAIRFAX.

Es kan ein kleiner Funck' ein grosses Feur entzünden.

GEMAHLIN.

Wer ligt; der ligt! und wird noch Freund noch Mittel finden.

FAIRFAX.

Man seh was schon geschehn und noch geschehen kan

GEMAHLIN.

Fill Albion ein Feind mit Nutz von aussen an?

FAIRFAX.

Hat nicht Iberien die weite See bedecket?

GEMAHLIN.

Wich nicht Iberien durch uns're Macht geschrecket?

FAIRFAX.

Verwarlost ich nicht so des Reichs gemeine Ruh?

GEMAHLIN.

Ihm steht die Ruh des Reichs durch Macht zu schützen zu.

FAIRFAX.

Ach daß ich sie und uns nicht durch diß Stück gefähre!

GEMAHLIN.

Er schütze sich und uns durch Krafft verschworner Heere.

FAIRFAX.

Diß Stück siht seltzam aus / und macht mich gantz verdacht.

GEMAHLIN.

Bey dehm nicht der was Gutt und Tapferkeit betracht.

FAIRFAX.

Die Tapferkeit gehört in Schulen vor die Jugend.

GEMAHLIN.

Verzeiht dem Feind'! es ist die schönst und höchste Tugend.

FAIRFAX.

Mein Feind ist Stuard nicht / nun er mir nicht mehr gleich.

GEMAHLIN.

Vnd wündscht mein Trost zu sehn sein höchst-beschimpfte Leich?

FAIRFAX.

Sie weiß / ich habe nicht das Vrtheil außgesprochen?

GEMAHLIN.

Wer es nicht hemmen wil; hat selbst den Stab gebrochen.

FAIRFAX.

Das Heer schlug nach dem Spruch noch Rettungs-Mittel vor.

GEMAHLIN.

Ich rühms daß er sie nicht zu seinem Schimpff' erkohr.

FAIRFAX.

Wer seine Sach umbstöst; muß doch den Mutt erheben.

GEMAHLIN.

Er denck' an Jesus Wort / Vergib / wie wir vergeben.
Mein Trost! er nehme doch des Höchsten Lehr in acht!
Wie wil er doch fort an der heilig-Höchsten Macht
Fußfällig seyn / mein Licht? und eine Gnade hoffen;
Wofern sein Hertz nicht itzt Gott mir und König offen?
Doch ist des Königs Heil hir nicht mein höchstes Zil;
Sein eigen Ruhm und Ehr ists was von ihm ich wil.
Er mißgönn ihm nicht selbst mein außerkornes Leben;
Das Lob das alle Welt der Tapferkeit wird geben /
Die König in die Band aus ihrem Thron verstiß /
Vnd König aus dem Band' und schwersten Tode riß.
Der Tapferkeit / die den / der uns vorhin verletzet:
Aus Schmach und Hohn und Grufft in volle Freyheit setzet.

Die was noch unerhört uns von sich hören liß;
Vnd was ohn Beyspil ist durch erstes Beyspil wiß.
Mein Trost! Er schaue mich vor seinen Füssen ligen /
Ich wolte mein Gesicht biß zu der Erden schmigen:
Wenn dise Bittens Art ihn nicht verdächtig macht;
Als ob er sonder Geist und nichts was trefflich acht.
Idennoch mangelt diß / und sind durch solche Zeichen /
O aller Helden Blum die Sinnen zu erweichen;
So sinckt sein Ehgemahl auff die gebeugten Knie:
Er gönne mir den Tag / da ich

FAIRFAX.

Mein Leben! wie?
Glaubt sie / das nunmehr ich nicht bey mir selbst befinde;
Wie trefflich daß man sich des Vorschlags unterwinde.
Ja geh ich was sie wündscht nicht / wo nur möglich ein;
So wil ich ihrer Eh und Hold nicht würdig seyn.
Doch fält die Zeit sehr eng' / auff wehn ist hir zu bauen?
Ich darff dem Cromwel nicht / noch Hunck / noch Hackern trauen.
Vir Heere sind bestelt zu Carols Traur-Geleit

GEMAHLIN.

Er schaffe Phray und Hunck und Hackern an die seit.
Kan hir sein Leibheer nicht den besten Dinst verrichten?

FAIRFAX.

Wo zwey drey ander mir und sonder falsch beypflichten.

GEMAHLIN.

Er wag es auff die zwey / die uns noch heut ersucht.

FAIRFAX.

Es wäre (wenn sie eins mit uns) nicht sonder Frucht.

GEMAHLIN.

Was schadets wenn man sich mit ihnen recht vernehme?

FAIRFAX.

Die Morgenstund' ist nur zu disem Werck bequeme.

GEMAHLIN.

Ach wo sie willig sich erbitten zu dem Stück!

FAIRFAX.

So geht der Vorsatz fort.

GEMAHLIN.

O höchst-gewündschtes Glück!

Ach mein Herr? sucht er mich mit Worten einzuwigen?
FAIRFAX.

Wie? glaubt sie daß ich sie / mein Engel kan betrigen?
GEMAHLIN.

Ach nein! doch grosse Furcht folgt grösserm Hoffen nach.
FAIRFAX.

Ich geb ihr meine Faust auf was mein Mund versprach.
Sie folg'! Ich geh zur Ruh' / es ist fast spät

*Die Gemahlin allein.*

O Stunden!
Fliht Stunden fliht! kom Tag dein Heil ist Fürst gefunden
Es trotze Portugal auff der Princesse Mutt.
Die ihres Ehgemals durch Furcht beeystes Blutt
Erwärmt / und Ihn den Thron beredet zu besteigen /
Von dem er sich noch itzt der Welt gekrönt kan zeigen.
Ich hab' erhitzten Grim durch Sanfftmutt abgekühlt.
Ich rett' umb dessen Cron und Ehr und Haubt man spilt.
Vnd wo der Höchst ihm noch was er verlohr wil schencken ....
Idoch! mein Geist halt inn'! Ich darff so weit nicht dencken.
Vor itzund ists genung daß er den Leib erhalt
Vnd sich gewündscht entzih der rasenden Gewalt.
Ich könt außdrücklich zwar dem Ehgemal entdecken
Wer unser; doch es dörfft auch argen Wahn erwecken
In der gelibten Brust die sich gemeine macht
Durch so geheimen Schluß; reitzt offtermals Verdacht
Auff ihre reine Seel / vil können kaum ersinnen
Wie frembde Männer bloß durch Tugend zu gewinnen.
Drumb besser daß mein Herr die zu der That verpflicht
Die schon Verstand und Geist nach meinem Zweck gericht.

*Hugo Peter. Wilhelm Hewlet. Daniel Axtel.*

PETER.
Du wirst gantz Albion den höchsten Dinst verrichten.[4]

4    V. 253. Der vornehmste Stiffter der Independentischen Rotte / welcher
sich / wie Honorius Reggius de Statu Ecclesiarum in Anglia erwehnet /
in Deutschland nach Roterdam / und in Neu Engelland begeben /die In-
dependentische Kirche einzurichten. In der peinlichen Anklage wird ihm

Du wirst den langen Zanck durch Gottes Richt-Axt schlichten /
Du wirst der Samuel auff unsern Agag seyn.
Du rettest Christus Kirch' und schützest die Gemein.
Du sel'ge Faust! du wirst des Mörders Blutt vergissen /
Der Ertzverräther wältzt sich schon vor deinen Füssen.
Nach disem Donnerschlag wird Ruh und Lust auffgehn;
Dein Ruhm wird mit der Sonn' an ihrem Himmel stehn.

DANIEL AXTEL.

Der Stats-Rath welcher hoch durch solche That verbunden;
Beschenckt zum Denckmal dich mit zweymal funfftzig Pfunden[5]
Auch wil man in Jern vor dich bemühet seyn;
So bald ein Ehrenstand dort offen; ist er dein.

HEWLET.

Es mangelt nicht an Mutt / es mangelt nicht an Stärcke
Mich reitzt ein inrer Trib zu dem durchlauchten Wercke.
Ich schätz' es hoch / daß ich vor Reich / Kirch / und Gemein
Bey dem Schuld-Opfer sol der hohe Prister sein.
Brich an gewündschtes Licht! der Arm sol Britten rächen;
Vnd darthun was gehör' auff König' ihr Verbrechen.
Die eigen Herrschafft ligt mit Stuards schnöder Leich.
Vnd der so große Baum fält ab mit einem Streich.

vorgehalten §. 1. daß er in Neu Engelland erwehlet zu einem Fridenstörer / und in Engelland gesendet Krig zu erwecken §. 3. Daß er mit Cromwell gerathschlaget / wie der König vor Gericht möchte gebracht und enthauptet werden. §. 6. daß er nicht allein zu dem Ende die Waffen ergriffen /sondern selbst Colonell worden und Commissiones ausgetheilet. §. 7. Daß er heimlich mit Cromwel /Pride und andern gerathschlaget über diß bluttige Vornehmen §. 8. daß er zu Windsoor mit Cromwel /Irreton und Rich ordinariè des Abends spät unterschidlich mahl heimlich Rath gehalten / nach welchem Rath der König zu Recht gestellet worden u.d.g.

5    V. 262. Hewlet ward beschuldiget / daß er einer von denen gewesen die sich auff dem Mordgerüste vermummet und mit einem langen Rocke sehen lassen / ja der Graubart sey der den tödtlichen Mordschlag begangen / darvor er 100. Pfund Sterlings empfangen mit der Verheissung / daß Er in Irrland solte befördert werden u.d.g. Verschmehete und erhöhte Majestät. III. Buch auff der 420. Seiten. Besihe dessen Anklage. Mich hat ein glaubwürdiger Mann berichtet / daß / als der Hencker verwidert Hand an den König zu legen / und derowegen der Rath bestürtzt gewesen: Er selbst hervor getretten / und sich zu dieser That anerboten.

PETER.

Er fall' / anitzt ists noth damit das Werck gelinge /

Zu sinnen auff was Art man Stuards Hochmut zwinge.

Wann er der Straffe sich mit Kräfften widersetzt /

Auch selbst das Beil erwischt und den und die verletzt.

AXTEL.

Wird das Gerüste nicht mit Waffen gantz umbgeben?

Wie könt er wider uns auch nur ein Aug' erheben

Daß er nicht stracks

PETER.

Mein Freund / diß ists was ich befahr.

Wenn er von Zorn erfrischt verzweifelt in die Schar

Sich ob dem Schauplatz stürtzt / so würd er fechtend sterben;

Hergegen sol die Schmach des Beils den Tod erherben.

Diß ists wohin ich zil'.

AXTEL.

In Warheit / wol bedacht!

HEWLET.

Stelt unter das Gerüst' ein außerkorne Macht.

Die (rühr ich einen Fuß) mir bald zu Hülff erscheine /

Mit Dolchen wol versehn.

PETER.

Du sihst nicht was ich meine!

Das Vrtheil wird verletzt / stürb er durch ihren Stoß.

Man scheide Kopff und Leib. Diß ists was ider schloß.

HEWLET.

Wil er nicht willig knien; so knie er denn gezwungen!

Man faß Ihm Arm und Haubt so bald er wird besprungen.

AXTEL.

Ihr wißt wol das aus Wahn nicht jder Hand anlegt;

Wann das gezuckte Beil nach blossem Nacken schlägt.

PETER.

Man lasse Klammern dann und Sprengen[6] fertig machen

Vnd spann' Ihn / sperrt er sich / bey so bewandten Sachen

Mit Fesseln an das Klotz / kein Schimpff ist hir zu groß

---

6    V. 293. Besihe Clamorem Sanguinis Regis / in welchen Buch dises weit-
     läufftiger erzehlet wird.

Genung daß nicht sein Blutt aus Hertz und Glidern floß
Nach gantz zustücktem Leib'.
HEWLET.

Ich spür es sey das beste
Man mach Ihn / auff den Fall / durch die versteckten feste /
Der Helm schliß' ihr Gesicht vor aller Vorwitz ein.
PETER.

Der Richt-Block mag wol auch was mehr denn nidrig seyn.
AXTEL.

Vmb Ihm wie tiff er sey gefallen vorzustellen.
PETER.

Vmb Ihm wie er verdint den Todskelch zu vergällen.
Wol ich geb alles an! so bald die Nacht vorbey;
Stelt beyd euch zu mir ein.
HEWLET.

So bricht der Thron entzwey.

*Chor der ermordeten Engelländischen Könige.*

### I. Chor.

Die heisse Pest die Kirch und Herd /
Vnd gantze Reich in nichts verkehrt /
Auffrühr / das Ebenbild der Hellen /
Daß die mit Blutt gefärbten Wellen /
Mit tausend Leichen überdeckt
Vnd das verderbte Land befleckt /
Wil nach den Bürgerlichen Krigen /
Auff Stuards trübem Mord-Platz sigen.

### I. Gegen-Chor.

Was hat dich Albion erhitzt?
O Land mit Königs Blutt durchspritzt?
Machst du mit einem tollen Streiche
Dich selbst zu einer todten Leiche?
Das Beil daß du auff Carlen wetzt
Wird deiner Ruh' an Hals gesetzt.
Habt ihr wol je nach unsern Wunden
Ihr Königs Mörder Ruh gefunden?

24

## I. Abgesang.

Herr der du Fürsten selbst an deine stat gesetzet
Wie lange sihst du zu?
Wird nicht durch unsern Fall dein heilig Recht verletzet?
Wie lange schlummerst du?

## II. Chor.

Wahr ists! ein Fürst der frevelt dir /
Vnd du hast Mittel da und hir /
Dein Recht / das ewig Recht muß zihren /
Durch Menschen Vnrecht außzuführen.
Wird aber das verkehrte Reich /
Erquickt durch seines Königs Leich?
Vnd steht es frey den Mord zu wagen
Vnd die Gesalbten außzutagen?

## II. Gegen Chor.

Zu tagen vor ein blindes Recht!
Da über Herren spricht ein Knecht!
Da was der Vnterthan verbrochen /
Wird durch des Fürsten Mord gerochen.
Des Fürsten / dessen höchste Schuld
Kein ander / als zu vil Geduld!
Wird diß mit Wolthun noch beschönet?
Heist daß nicht Recht und Gott verhönet!

## II. Abgesang.

Meer / Himmel / Lufft und Erd' hat sich auff dich verschworen /
Verblendet Brittenland!
Die Straffen brechen ein! du hast dein Haubt verloren
Vnd taumelst in den Sand!

## III. Chor.

Ach! Insel rauher denn dein Meer![7]
Die jederzeit der Mörder Heer

7    V. 345. Britannia fertilis Provincia Tyrannorum /saget Porphyrius bey
     Hieron. ad Ctesiphontem adversus Pelagium. Ausonius Epigr. CVII.

Auff deine Printzen außgeschicket /
Die du Meyneydig hast verstricket.
Wer fil nicht hir nach herbem Hohn
Durch Schwerdt / durch Pfeil / durch Gifft vom Thron.
Nur diß ist new: mit tollen Händen
Der heil'gen Themis Richt-Axt schänden.

### III. Gegen Chor.

Auff neue Laster zeucht auch ein
Der unerhörten Straffen Pein!
Krig / Erdfall / Seuchen / faule Lüffte
Gehn noch nicht gleiche deinem Giffte.
Was eines jeden der gekrönt /
Vnd durch dich hinfil / Mord außsöhnt;
Wird wider dich zu Felde zihen.
Wer kan des Höchsten Faust entflihen?

### III. Abgesang.

Weicht Geister! Britten ist kein Ort vor stille Seelen!
Entweicht dem Traurgericht!
Entziht dem Mord-Tumult / der ungeheuren Hölen /
Eur weinend Angesicht.

Silvius hic bonus est / qui carmina nostra lacessit;
Nostra magis meruit carmina / Brito bonus.
Silvius hic bonus est. Quis Silvius? iste Britannus?
Aut Brito hic non est Silvius / aut malus est.
Silvius iste bonus fertur / ferturq; Britannus;
Quis credit Civem degenerasse bonum?
Nemo bonus Brito est; si simplex Silvius esse
Incipiat / simplex desinat esse bonus. etc.

# Die Ander Abhandelung

*Der Geist Straffords. Der Geist Lauds.*

Die gantz entstimm'te Harff[8] und das erhitzte Brüllen /
Der Leuen Mordgeschrey die Ohr und Hertzen füllen /
Die Lilje sonder Glantz / die unter grimmen Fuß
Des Pövels sich zu Kott / zutretten lassen muß;
Rufft Wentworts Geist hervor! Ertzrichter aller Sachen!
Sinckt Albion nun gantz dem Abgrund in den Rachen?
Muß mein Jerne[9] dann in lichten Flammen stehn?
Heist du Britannien in eignem Blutt vergehn?
Das enge Reich ist ja dem scheußlichen Gedränge /
Dem Bürgerlichen Krig und Mordtumult zu enge /
Der Themse Purpur-schaum besprützt das wüste Land
Auff dem Altar und Herd durch eine Glutt entbrant.
Der Drummeln Widergalm / die hellen Sturm-Trompeten
Das Wütten das Gekreusch / und unversetzte Tödten /
Der Leichen faule Stanck / erfüllt ja Lufft und See /
Vnd dringt aus diser Grufft in die besternte Höh'
Durch eine dicke Wolck aus Qualm der Grüfft' entsprossen /
Ich hab! Ach Herr ich hab! als ich die Zeit beschlossen
Mich auff dem Traurgerüst / dem rauen Mord-Altar
Noch unter disem Beil geopffert für die Schar
Des auff mein müdes Haubt aus Rach erhitzten Pövels /
Nicht indenck tollen Neids / und blindgesteifften Frevels.
Ich sanck durch dich gestärckt / unzaghafft auff die Knie /

8    V. 1. Die Harffe ist das Wapen des Königreichs Irrland. Die Schotten
     führen einen Lewen mit Lilien in den Enden des Schildes umbgeben.
     Engelland in gevirdten Schilde drey Lewen und drey Lilien / so den An-
     spruch an das Königreich Franckreich bedeuten. Von den letztern Lewen
     und Lilien ist das ausbündige Lateinische Epigramma an Königin Elisabeth
     geschriben:
     Qui Leo de Juda est / & flos de Flore Leones
     Sospitet / & flores protegat Ille Tuos.

9    V. 7. Jerne / oder Juerna ist der alte Namen Irrlandes. So auch bey
     Euchstathio / Bernia genennet.

Dein letztes auff der Welt / war meines: ich verzih'.
Mein Geist erhitzter Gott brennt noch von keiner Rache /
Mehr bitt ich / kehre nicht dein Aug auff meine Sache.
Muß mein vertroffen Blutt ja zum Gericht auffstehn;
So laß den Außspruch nicht auff imands Hals ergehn.

LAUD.

Wer bricht die schwartze Ruh der ungeheuren Stille:
Vnd winselt durch die Nacht?
Wird imand mehr als ich / durch ernster Rache wille
Aus seiner Gruben bracht?
Wie? oder schaw' ich dich. O Wentwort! Blum der Helden /
Mit dessen Blutt das Recht beschriben /
Daß die gewündschte Ruh aus Albion vertriben?
Dein Kläger muste selbst von deiner Vnschuld melden /
Als das bewegte Volck nach deinem Leben rang /
Vnd dem gekrönten Haubt dein Haubt abdrang.
Von wem doch hatt ich Schutz und Heil zu hoffen?
Als bey noch festem Thron der Donner dich getroffen!

STRAFFORD.

Wer sich auff Zepter stützt und traut der Fürsten Schweren;
Fält / leider! gleich als ich. Das Rasende verkehren
Der ungewissen Zeit / gibt jenem Cron und Stab /
Vnd dem ein bluttig Beil / und ein beschimpfftes Grab!
Doch klag ich werther Printz nicht über deine Treue
Du libtest biß ans End' / und trugest keine Scheue
Zu reden vor mein Heil. Was hast du nicht versucht
Zu retten disen Kopff? und gleichwol sonder Frucht.
Wie lang hat deine Faust das Mord-Papir verschoben?
Dich hatt die freche Rott / dich hat das tolle Toben[10]
Vnd leichter Buben Schaum an Ehr und Macht verletzt /
Eh' als an meinen Hals das Richtbeil ward gesetzt.

10  V. 50. Besihe König Carols Gedancken in Icone Basilic. C. IV. von dem
    Geschrey des Volckes in London / schrecklich war es anzusehen und zu
    hören /daß sich die Lehrbuben der Handwercks Leute und derogleichen
    junge Rotten mit vil tausenden zusammen gegeben / und mit grossem
    abscheulichen Geschrey bald vor dem Parlaments Hause / bald vor dem
    Königlichen Pallast dises und jenes mutwilligst begehren dörfften / worzu
    sie denn von vilen angetriben worden.

LAUD.

>Es blickt nunmehr denn wol was man bißher gesuchet /
>Die Cron und Infell sind durch einen Mund verfluchet:
>Wer ist der wider uns sich je verschworen hat?
>Als der der Hirten Stab und Zepter selbst zutrat?

STRAFFORD.

>Mein Vrtheil / daß die Welt / ich weiß nicht wie gefället /
>Wird Gott noch übersehn / dem sey es heimgestellet /
>Ich rühr es weiter nicht. Eins aber klag ich an /
>Was mein entleibter Geist auch nicht verschmertzen kan:
>So bald der falsche Neid auff einen sich erhitzet /
>Dem Glück und Sonne lacht / bald wird der Pfeil gespitzet
>Der ihm das Hertz abdrückt: es geht dem Pövel ein.
>Er muß ein Ketzer schlecht / wo nicht Verräther seyn.

LAUD.

>Vnd öffter diß und das.

STRAFFORD.

>Diß streut man durch die Hütten /
>Man lehrt die Cantzel selbst auff unbefleckte wütten /
>Man munckelt in dem Raht / bey voller Gasterey
>Bricht man was härter aus. Denn wird die Zunge frey
>Die vorhin eine Scham / und noch ein schwach Gewissen
>Vermischt mit etwas Furcht kont in die Lippen schlissen.
>Bald rufft man überlaut: Greifft den Verräther an!
>Wie schändlich daß der Stat den Ketzer[11] leiden kan!
>Wach auff / was redlich ist! So bald die Schläge blitzen
>Muß er / trotz den es kränckt / Blut auff dem Richt-Platz schwitzen
>/
>Man fragt nach keinem Grund / was er betheuren kan
>Gilt nichts! es geht nur Reich und Gottes Zepter an.
>Das allzeit-blinde Volck sucht Gott und Printz zu rächen /

11  V. 71. V. 72. Verräther / Ketzer / welche SchandNamen dem Stadthalter / dem Ertzbischoff und nachmals dem Könige selbst zugeleget! die ersten Zwey wurden beschuldiget hohen Verrahts / der König verdammet als ein Tyrann / Verräther / u.d. gleichen /und muste hin und wider ausgeschrien werden als einer der den in Engelland gewöhnlichen Gottesdinst zu unterdrucken gesonnen. Besihe diser dreyen letzte Worte die sie auff dem Richt-Platze geführet.

Vnd dem der nichts verbrach den schwachen Hals zu brechen.
Vnd meint es habe Recht und Sache wol beschickt;
Wenn es die heisse Brunst in keuschem Blut erquickt.
Wenn es die vor sein Heil bey Tag und Nacht gewachet:
Hat auff dem Mordgerüst / in Todes-Angst verlachet.
Wenn es muttwillig sich durch seiner Väter Tod
Gestürtzt in frembde Dinst und ungeheure Noth.

LAUD.

Mehr denn zu wahrer Spruch / durch unsern Fall bewehret!
Der Donner ists / der mich und dich in nichts verkehret.
Was legte man nicht auff die grauen Har /
Als man der Auffsicht überdrüssig war?
Man hat durch meine Schmach / durch meiner Kercker Ketten /
Der Kirchen Recht verletzt und in den Staub getretten.
Wer Frembd / wer Bürger war frolockt ob meiner Pein /
Damit er konte selbst Haubt / Hirt und Bischoff[12] seyn.
Wie aber ists / wie aber ists gelungen?
Das scharffe Beil hat durch den Hals gedrungen;
Vnd man setzt an unser Stat / Aeltesten der Kirchen vor /
Die man gehört mit taubem Ohr.
Die man verdrang / nun lehrt und lernt ein jder
Vnd dichtet neue Schwärm' und baut und bricht es wider /

30

12  V. 92. Man sihet hir auff die so genennete Independentes / welche wir
   Freysinnige oder Vngebundene nennen / eigentlich heissen es solche
   Leute / welche in Gewissens Sachen auff nimandes ihr Absehen haben.
   Elenchus Motuum Britannic. *Independentes audire non recusant / nato
   inde nomine / quod hi nullius Ecclesiae nationalis / nullius civilis ordinis
   arbitrio pendentes / omnia ad doctrinam Regimenque Ecclesiasticum spec-
   tantia intra privatos coetus administrarunt / non quod de religione magno-
   pere solliciti essent Horum plerique / sed quod speciosa ista professio latis-
   simam panderet Sectis omnibus fenestram p. 137. Honorius Reggius. Independentes /sicut producunt / ita & fovent ac nutriunt Sectas; ac semper
   cum iis contra Presbyterianos colludunt. Eo mox insaniae delapsi sunt /
   ut pro absoluta toleratione omnium Religionum voce / scripto / mox &
   gladio id acturi pugnent.* Deren erster Stiffter ist / wie obgemeldet / Hugo
   Peter gewesen / welcher zu Roterdam dise Braut geziret / nachmals in
   Engelland eingeführet /woselbst sie von dem Cromwell auffs höchste be-
   haubtet / welchen auch Salmasius nicht unrecht Regem und Caput Independentium nennet.

Die Herde geht zustreu't und irr't in höchster Noth;
Wie wenn der Wolff einreist / und Hirt und Wächter tod.
STRAFFORD.
Doch must' auch unser Tod zu schnöden Lock-Aas dinen.[13]
Wär' auch der Schotten Heer in Engelland erschinen /
Wann was man in geheim auff Cron und König schloß
Nicht durch mein Blut besterckt? als diß den Hals ausfloß
War Calidon das Schwerdt zu zucken recht verbunden.
Nachdem es abermals in Nord sich eingefunden
Wohin man Bischoff sie durch deine Bande riff;
Geschah es daß man dir nach Kopff und Gurgel griff.
Da must ein Geistlich Haubt die Schottsche Dinst bezahlen /
So tranck man / wehrter Laud / als in gekrönten Schalen
Dein Blut der Schottschen Kirch für ein' Hertzstärckung zu /
So blib das Kirchen-Gut in frembder Faust mit Ruh /[14]

13  V. 101. Besihe warhafften Bericht von König Carls Leben / Regirung und
    Tod auff der 83. Seitten. Hirzu / wird dar gesetzet; kam der beklägliche
    Tod des Ertzbischoffen von Canterberg / welcher / wie oberwehnet / vir
    Jahre in der Tour von Londen gefänglich gesessen; aber alleine als eine
    Lockebrod / zu Widerhereinführung der Schotten (wann das Parlament
    ihrer Zweyten Hülff benötiget seyn solte) bewahret worden: Gleich wie
    sie vorhin mit des Graffen von Strafforts Person diselbe eingelocket hatten.
    Demnach nun die Schotten gekommen / und in Norden gute Dinste ge-
    leistet / erachtete man für gut sie mit selbigem Blute / darnach ihnen so
    hefftig gedurstet hatte / zu gratificiren. Vnd ward darauff der Ertz-Bischoff
    im Hause der Gemeine hoher Verrähterey schuldig erkant / und im (so
    schwachen) Hause der Herren / (daß nur 7. derselben / benantlich die
    Grafen von Kent / Pembrock / Salingsburg und Bullingbrock / und die
    Herren von North / Gray und Brewes bey seiner Verurtheilunge gegen-
    wertig waren) zum tode condemniret / darauff ward er am 10. Januarii
    nacher dem Schavott auf Tourhill gebracht und endigte daselbst sein Leben
    mit solcher modesten Beständigkeit und so grosser Gottesfurcht / daß
    eben seine ärgeste Feinde / welche dahin gekommen waren die Execution
    mit Hertzens Freuden anzuschauen / mit weinenden Augen wider zurück
    kehreten.

14  V. 112. Die gantze Zweyspalt zwischen dem Könige und den Schotten /
    welcher hernach die Auffruhr in Engelland gefolget / hat sich wegen
    Einraumung der Kirchengüter in Schottland entsponnen. Welchen Ver-
    lauff der Bericht von Leben und Tode Caroli auffs genaueste mit
    folgenden Worten zusammen gezogen / auf der 43. 44. 45. 46. 47. und

48. Seite. In den unmündigen Jahren Königs Jacobi wurden alle Länder der Cathedral Kirchen und geistlichen Häuser / welche durch eine Handlunge des Parlaments der Cron zugeeignet worden (aus Nachsehen des Grafen von Murray und anderer Regenten) unter die grossen Herren selbigen Königreichs partiret / umb selbige desto besser zur Hand zu haben. Diselbige aber / nach deme sie die possession besagter Länder / und dem geistlichen Gute angehöriger Regalitäten und Zehenden überkommen / besassen solche mit Stoltz und Vbermuts genug / in ihren verschidenen Gebiten / hilten die Clerisey zu geringen Stipendien / und den armen Bauersmann zur bedaurlichen Schlaverey und Subjection.

Als nun König Carl bey Annehmunge der Cron in Krigen engagiret und von dannen zu Fortsetzunge derselben wenig Vorschub hatte / ward Er durch guttachten seines Raths in selbigem Königreiche vermocht solche Länder / Zehenden und Regalitäten widerumb zu sich zu nehmen / als wozu die itzige Occupanten kein ander Recht hatten vorzuschützen / als die unbefugte Anmassung ihrer Vorfahren. Dises beflisse er sich ins Werck zu setzen / und zwar erstlich durch eine Revocations-Acte / wie aber diser Weg nicht vorträglich schine / verfolgete er es durch einen ordentlichen Process / und erlangte eine Commission die Superioritäten und Zehenden zu restituiren und dem Könige mit solchen Conditionen wider einzuräumen / welche der Cron zu Nutzen zu der Geistlichen Stipendien Verbesserung / und des gemeinen Volckes Erträglichkeit gereichen möchten. Aber die stoltze Schotten erwehleten liber / ihr Vaterland in Gefahr gäntzlichen Verderbs zu setzen / als sich der jenigen Macht / oder vilmehr Tyranney / so sie bißhero über ihre Vnterthanen / (also nenten sie diselben) geübet / im geringsten zu begeben / und machten darauff eine Zusammenschwerung / dem Könige in allem / was im folgendem Parlamente (die Kirchen affairen betreffend) vorgebracht würde / sich zu wider setzen. Weiln aber die Religion und deren Vorschützung der sicherste Weg ist den Pöbel zu berücken: also musten sie auch andere Mittel erdencken (als ihr eigenes privat interesse) den König von Verfolgunge der besagten Commission abzuhalten; welches ihnen denn nach Wundsch aringe / und zwar folgender Gestalt.

König Jacobus hatte bey erster Antrettung der Cron Ihme fürgenommen die Kirche von Schottland mit der von Engelland zur Gleichheit im Regimente und Gottesdinste zu bringen / darinnen auch so weit avanciret / daß er die Bischofferey unter ihnen einführete / und 13. neue Bischöffe ernante für so vil Bischoffthümer als in alten Zeiten zu selbiger Kirchen gehörig gewesen; Deren drey die Consecration von dem Bischoffe von Engelland empfingen / und zu ihrer Heimbkunfft ihren übrigen Collegen conferirten. Welche Bischoffe er mit behuefigen hohen Commissionen versahe / den übermüttigen und dominirenden Geist der Preßbyterianer desto besser in Zaum zu halten. Folgends verschaffte er / das bey der Versamlunge zu Aberden im Jahr cIc Ic CXVI. eine Handlunge bekräfftiget wurde / zu Auffrichtung einer Kirchen-Ordnung / und extrahirunge etlicher neuen Regeln / aus den alten zerstreuten Acten der vorzeitigen Versamlungen. Bey der Versamlung zu Perth cIc Ic CXVIII. erhilte er eine Ordre das Abendmal des Herren kniende zu empfangen / auch selbiges / und die heilige Tauffe auff euserste Nothfälle in Privat-Häusern zu reichen. Item die Confirmation der Bischoffe / und endlich die Celebration der hohen Feste / als Christi Geburt: Leiden: Aufferstehen: Himmelfahrt und Herniderkommung des heiligen Geistes. Welches alles im nechstfolgenden Parlamente confirmiret worden.

So weit brachte der verständige König dises Werck /ehe und bevor er sich in die Pfältzische Sache einmischete. Die ruptur mit Spanien und darauff erfolgender Krig / lenckten seine Gedancken ab von Verfolgunge solches löblichen Fürnehmens / welches sein Sohn (mehr mit ausländischen Krigen und einheimischer Vnruhe beladend wesend) nicht Zeit hatte zu vollführen ehe er seine Sachen zum guten Stande gebracht und ihme so wol einige Macht als Glorie erworben; Sondern weil es eine Sache war / die nach und nach mit guter Weile und nicht auff einmal wolte gethan seyn / resolvirete er sich zufördest eine Ratifications Acte bekräfftigen zu lassen über allem was von seinem Herren Vatern hirinn gethan und fürgenommen / und alsdann mit Einführung der allgemeinen Kirchenordnung fortzufahren. In welches effectuirunge er dasmahl / als er nach Schottland zoge / dessen unglückselige Cron zu empfahen wegen Bekräfftigung gemelter Ratifications-Acte im Parlement desselben Königreichs vil stärckern Widerstandt fande /als er Vrsache hatte gewertig zu seyn: aber doch zu letzte diselbe per Majora erhilte.

Dises gabe ihme die erste Anzeige ihrer Abneigung zu seiner Person und Gouvernement; Nichts desto weniger fuhr er fort in Verfolgunge seines Fürhabens. Dann / nicht lange nach seiner Wideranheimkunfft in Engelland / ordinirte er den Dechanten seiner Königlichen Capellen zu Edenburg / darinne Gebete zu lesen nach Innhalt der Engelländischen Kirchen-Verfassung; alle Monat Communion zu halten / und das heilige Abendmal kniend zu empfangen: Wenn es ein Bischoff reichete / solte solches in seinem Bischofflichen Habite und Zirath geschehen; von einem gemeinen Prediger aber in seinem Chor-Rocke verrichtet werden; und letzlich daß nicht allein die Herren des Raths / sondern auch die Herren der Versamlunge /und so vil von dem Magistrate als bequämlich sein könte / an Son- und Heiligen-Tagen dem Gottesdinste beyzuwohnen nicht unterlassen sollten: Ihme selbst nicht scheinmangelnde Hoffnung machend / daß durch dises Mittel die Engelländische Kirchen-Verfassung / als welche gleichsam in der Königlichen Capelle hirmit angenommen war / bey den

LAUD.

Wie wird mir! Ach! welch Elend ist vorhanden?
Die Majestät traur't selbst in Banden.
Man richtet Schauplätz auff zu einem Jammer-Spil /
Vor dem die grosse Welt erbeben wil?
Ich schau' in Engelland nur wilde Thire wohnen /
Der mit der Infel schertzt / wird nicht der Crone schonen
Des Fürsten heilig Blut treufft auff den Greuel Sand

Kirchen zu Edenburg desto eher statt finden / und allgemählich von den übrigen Kirchen selbigen Königreichs würde acceptiret werden. Aber die Preßbyterianische Schotten / welchen des Königs Intention unverborgen war /beredeten den gemeinen Pöbel / daß dises Vorhaben nur dahin zilete / die bedrückte Kirche von Schottland dem Abergläubischen Gottesdinste und Ceremonien der Kirchen von Engelland zu unterwerffen / und daß derowegen ihnen gebührete für einen Mann zu stehen / und deroselben Einführunge sich zu widersetzen.

Die Grossen und von Adel in selbigem Königreiche /(für nichts anders mehr als der oberwehnte Commission de restituendo sich fürchtende) ergreiffen dise Gelegenheit auch / und durch einige malcontenten selbiger Nation / welchen der König in Gunst-Außtheilunge nicht so liberal als sein Herr Vater gewesen /secundiret seind / beflissen sich dem Volck eine Furcht und Jalousie einzubilden als ob Schottland zu einer Provintz gemachet / und hinfüro durch einen Vice-Roy oder Stadt-halter (gleich Irrland) gouverniret werden solte. Deßgleichen geschahe auch von den jenigen Herren des geheimbten Raths / welche vorhin ihres belibens gouverniret hatten / und anitzo durch Einsetzunge eines Praesidenten oder Haubt Rath-schlägs Directorn, Ihre Macht vermindert / und ihre Personen verkleinert achteten: Also / daß der Pöbel durchgehends in diser Opinion vernarret seind / als ob beedes ihre Geist- und Weltliche Libertät nicht in geringe Gefahr lifen; von der Preßbyterianischen Faction sich leichtlich einnehmen lisse / wie aus einer ärgerlichen und aufführischen Anno cIc Icc XXXIV. publicirten Schrifft klärlich erschine / darinne dem Könige nicht allein eine vorhabende Veränderung des Regiments in selbigem Königreiche beygemessen /sondern er auch einer grossen Zuneigunge zur Catholischen Religion bezüchtiget worden.

Der Autor diser Schrifft war nicht zu erforschen. Der fürnehmste Fautor aber war der Lord Balmerino, welcher dessen mit Recht überführet / und als ein Verräther condemniret / aber durch des Königes grosse Güttikeit begnädigt / und durch solche Begnädigung zu Verübunge hernachfolgender Missethaten beym Leben erhalten ward.

Vnd sein gesalbtes Haubt ist in des Henckers Hand.
Weh Albion! Weh! Weh! muß denn mein Geist sich wittern
Vnd dein Mord-Prophete seyn?
Weh Albion! Weh! Weh! schau wie die Felsen zittern /
Die wilde See bricht ein /
Vnd führt die Straffe mit / ich schaue Schwefel Regen
Vnd Flüsse Leichen voll / und brüderliche Degen
In brüderlicher Wund' und ein verwüstet Land
Vnd umbgekehrte Städt' und nichts als Grauß und Sand.

STRAFFORD.

Der Himmel müsse dich betrübter Printz erquicken
Der Himmel müsse dir gewündschten Beystand schicken.
Es werde deine Seel mit so vil Gnad' ergetzt /
Als hart mein herber Fall dein treues Hertz verletzt.

LAUD.

Weh Albion! Weh Engelland! Weh! Weh!
Die Straffe wacht / sie brennt auff kalter See!
O seelig wer die Tage nicht erreicht!
O seelig wer vor disem Sturm erbleicht!
O besser durch ein Beil den kurtzen Rest beschlossen!
O besser vor der Angst die Handvoll Bluts vergossen!
Die Straffe selbst steigt von des Himmels Höh
Weh Albion! O Engelland Weh! Weh!

STRAFFORT.

Hilff Gott ists nicht genung an den so schweren Schlägen!
Sol man denn Schuld mit Schuld / und Blut mit Blut abfegen!

LAUD.

Schaut wie in Eil das Traurspill sich verkehr!
Der Feldherr selbst begibt sich der verführten Heer.
Der nechst nach ihm prallt auff des Königs Throne /
Vnd läst die Erbschafft dem nicht gleich gesinnten Sohne /
Die Erbschafft die umbsonst mit Mord mit List und Schwerdt
Versichert / weil der Fürst die Zeit in Ach verzehrt.
Indem erscheint die Rach' und trennt was sich verbunden.
Das Ansehn mit der Macht des Land-Zwangs ist verschwunden.
Sie bricht den falschen Stul und angemasten Stab

Der Wütterich verleurt sein ausgezihrtes Grab.[15]
Da henckt sein richend Aaß. Ach König! ach! hir brennen
Die Hertzen die dich itzt aus Rasen nicht erkennen.
Schau Wentwortt! wie das Beil in diser Leiber wütt /
Die wider Länder Recht und wider Völcker Sitt /
Geschlossen Carols Tod. Man schleifft zu letzten Schmertzen /
Was sich vor unterstund mit unserm Blut zu schertzen.
Vnd Stuards Nachsaß blüht.

STRAFFORT.
Herr wer erkennet nicht
Wie recht dein Vrtheil sey! wie heilig dein Gericht?

*Geist Mariae Stuardae, Carolus auff dem Bette.*

Das immer frische Blut das aus den Adern rinnet /[16]
Vnd Brüst und Leinwand färbt / das Quell das stets beginnet /

15  V. 152. Cromwels Grab ist / (wie Weltkündig) unlängst nach seinem
Tode / als man seine Leiche darinnen nicht gefunden / von dem wüttenden Pöfel zubrochen / und gantz hinweg geräumet.

16  V. 161. Es haben sich etliche verwundert / daß ich alhir den Geist Mariae
eingeführet. Etliche / schreib ich / welchen Maria nirgends anders her
als aus den Geschicht-Büchern des Hochgelehrten / aber damals ihren
Feinden und Verfolgern zugethanem Buchanans, dem auch Thuanus
nachgegangen / bekant; Andere welche etwas fleissiger sich der Beschaf-
fenheit ihres Lebens erkündiget / wissen besser von ihrem Gefängnüß
und Tode zu urtheilen. Was ihre Engelländische Gefängnüß anlanget /
ist es gewiß; daß / als sie aus dem wider sie verschworenen Erb-königreich
Schottland gewichen / und sich auff der Flucht / in Cumberland auff
vorhergehende freundliche Antwort-Schreiben und Versprechen der Königin Elisabeth /(wiewol ehe sie diselben erhalten) begeben; daselbst fest
gehalten / diser Stats-Regel halber; Wann ein Fürst ohn des andern offent-
liche Erlaubnüß und Geleitte dessen Grund betritt; verleuret er seine
Freyheit. Cambden. in dem ersten Buch von dem Leben Elisabeth in dem
cIc Ic LXVIII. Jahre setzet darzu; Detinendam hinc pleriqve omnes, jure
belli captam censuerunt. Da doch damals Elisabeth keinen offentlichen
Krig wider sie geführet; noch sie in der Schlacht gefangen genommen.
Vber ihrem unglückseligem Tode hat es vil Streitens gegeben. Ausser
Zweifel ists das Elisabeth denselben / als were sie übereilet worden /und
die Hals-Straffe wider ihren Willen vorgegangen / betrauret. Man besehe
was der auffrichtige Cambdenus hirvon erwehnet in dem 3. Buche in
dem cIc Ic LXXXVII. Jahre. Ists der Warheit gemeß / was Dauison in

32

Vnd keinmal sich verstopfft / träufft milder auff das Land /
Des rasenden Gebrüts / daß die entweihte Hand /
Gewohnt in Fürsten Blutt ohn unterlaß zu baden
Vnd Königs Leich auff Leich' und Mord auff Mord zu laden.
Das Richt-Beil das man hir uns an den Nacken setzt /
Wird noch auff Stuards Stamm durch eine Schar gewetzt.
So / wie Maria fil / wird unser Sohns Sohn leiden.
Der Greuel sol anitzt vil tausend Augen weiden
Den Foudringen[17] verbarg. Sein Londen wil es sehn
Das keinen Meyneyd acht / das Gotts Gesalbten schmehn
Vnd Printzen schimpffen kan! das ungezeumte Buben
Läst richten über die / die Fürst und Volck erhuben.
Das aller Zeiten Schuld / durch härter Sünd erneut
Vnd sich ob disem Werck' als einem Lust-Spil freut.
Verfluchtes Stück! man siht die unerzognen Hauffen
Wie rasend tolle Zucht der jungen Hunde lauffen.
Hir rufft was nichts versteht und nichts verstehen kan /

33

Aus Mord-begir'gen Halß' uns geht kein König an.
Was Herr! was Meister soll mit Geisseln bendig machen;
Pocht Britten euren Rath. Wer seine krumme Sachen
Befördert wissen wil / setzt mit dem Nachdruck an /

seiner Schutz-Schrifft außgibet / so lasse ich jdweden / der noch bey
Vernunfft urtheilen / welche Stats-Geheimnüsse dadurch entdecket. Tertio
post die, schreibet Er, cum ex somnio, qvod de morte Scotae narravit,
eam animo fluctuare sentirem; rogavi an sententiam mutarat. Negavit,
At, inqvit, alia ratio, excogitari poterat, simulqve an a Powletto aliqvid
responsi acceptum qvaesivit. Cujus literas cum monstrassem; in qvibus
planè recusavit id suscipere, qvod cum honore & justitia non conjunctum:
Illa commotior, eum & alios qvi Associatione se obstrinxerant, per jurii
& voti violati accusavit, qvi magna pro Principis salute promiserant, at
nihil praestabunt. Esse tamen innvit qvi hoc sui causa praestabant. Ego
autem qvam infame & injustum hoc foret demonstravi, simulqve in
qvantum discrimen Powlettum & Drurium conjiceret. Si enim Illa factum
approbaret, & periculum & dedecus non sine injustitiae nota sibi attrahe-
ret; sin improbaret, homines optime meritos, & eorum posteros prorsus
pessumdaret. Posteaqve me, eodem, qvo Scota sublata est, die, qvod
supplicium nondum sumptum, leviter perstrinxit.

17  V. 171. Der letzte Kercker / und Ort der Enthaubtung Mariae. Ein ver-
wahrtes Schloß in der Graffschafft Northampton bey dem Fluß Neen.

Vnd zwingt die Zepter selbst. Wo jemand hören kan /
Wo jemand mit Vernunfft / diß Stück wil überlegen
Der denck ihm etwas nach! Kan Recht ein Vrtheil hegen
Wenn thörichte Gewalt den Richterstul besetzt.
Wenn sich ein wüttend Aug' ob diser Flutt ergetzt
Die alle Welt erschreckt. Die nimand aus läst reissen
Der Kirch und Herd nicht selbst mutwillig umb wil schmeissen.
Nein! wenn wir disen Sturm in Engelland erregt /
Vnd die gestärckte Well' / itzt Mast und Seil bewegt;
Muß man die wilden See / mit Fürsten Blut versöhnen /
Vnd den zuspritzten Schaum mit Purpur-Flüssen krönen.
Was ists den Britten mehr umb eines Königs Haubt?
Es ist der Insell Art![18] Vmb daß ihr Edward glaubt[19]
Gab er sein Leben hin. Wilhelm der rott[20] erröttet
Vnd zappelt in dem Blut. Ihr Richard[21] ward getödtet
Durch den geschwinden Pfeil. Johann verging durch Gifft/[22]
Das ihm das Kloster mischt. Was hat man nicht gestifft
Auffs zweyten Edwards[23] Kopff? der sich des Reichs begeben /

18    V. 196. Dises sind Mariae eigene Worte bey Cambdeno in dem cIɔ Iɔ
      LXXXVI. Jahre. Anglos in suos Reges subinde coedibus saeviisse, ut
      neutiqvam novum nunc sit, si etiam in me ex eorum sangvine natam
      ibidem saevierint.

19    V. 196. Eduardus der II. Ist durch List seiner Stiff-Mutter Alfredae von
      ihrem Knecht umbgebracht. Besihe Polydor. Vergil. in dem 6. Buch der
      Engell. Geschichte.

20    V. 197. Diser ist auff der Jagt von einem Pfeil erschossen. Polydor. Vergil.
      in dem X. Buch.

21    V. 198. Richard / der I. ist durch einen vergifften Pfeil in Limosin umb-
      kommen. Polydor. in dem XIV. Buche.

22    V. 199. Weil diser König in zornigem Mutt etliche Wortt in dem Closter
      Suines Heed' in welchem Cistercienser gewesen / ausgestossen; ist dadurch
      ein Münch dahin bewogen / daß er dem Könige Gifft in den Wein /
      welchen er vorhin gekostet gegossen /damit der König umb so vil sicherer
      trüncke / und sind also beyde schir auff einen Augenblick verschiden.
      Polydor. in dem XII. Buche.

23    V. 201. Diser König ist ein recht Schauspill Menschlicher Nichtigkeit ge-
      wesen: verstossen von dem Reich / bekriget von seiner eigenen Gemahlin
      /und in dem Kercker von denen die ihn verhütet durch unerhörte Grau-

Vnd dennoch nicht erhilt das jammervolle Leben /
Wie Richard auch der zweyt'[24] in Hunger unterging /
Vnd Henrich[25] Franckreichs Herr den der Verräther fing
Vnd in dem Thurm erwürgt / der Vetter Richard wetzte

samkeit hingerichtet / in dem sie ihm ein glüend Eisen durch den Hindern
gestossen. Polydor. in dem XVIII. Buch. Bzovius in dem II. Theil der
Fortsetzung der Kirchen-Geschichte Baronii oder in dem XIV. Theil der
Jahr Bücher theilet uns aus einem geschribenen Buch der Vaticanischen
Buchkammer folgende schreckliche Wortte mit; Thomae Gorneio & Jo-
hanni Mantraversio custodiae illum Regina tradiderat, quod comes nimis
remissus erga eum censeretur, itaq; illi valdè erant erga eum asperi &
acerbi suaq; immani importunitate angores illi cumulabant, maximè cùm
noctu & clandestinis itineribus à loco in locum magna cum illius molestia
& fatigatione, eum, ne ubi esset sciretur, transportarent. Tradunt, eos non
modo illos Edouardo cibos quibus praecipuè afficiebatur subduxisse &
velato, ne agnosceretur capite, infestis secretisque diu noctuque itineribus
exagitasse; Sed & veneno eum appetiisse; licet illud aut naturae firmitate,
aut divina benignitate, sine gravi noxa discusserit, & ut angores illius
augerent, coronam ex foeno contextam capiti per ludibrium in itinere
imposuisse, & lingua patria exclamasse, *Set fort o Kinge,* id est, Perge o
Rex. Et ut minus forte ab obviis cognosceretur, caesariem Capitis, bar-
bamq; in itinere, ad monticulum quendam, quem talpae conficiunt sedenti
rasisse. Cumq; tonsor frigidam, cum nulla alia suppeditaretur, aquam at-
tulisset, dicerentq; debere Eum aequo animo pro temporum ratione id
ferre; imo verò, inquit, velitis nolitis, calidâ aqua utemur; moxq; ingentes
lachrymas, pro rei indignitate profudisse, quae per genas promanantes,
barbam humectarent. Addunt Auctores, illos ipsos custodes tetris quibus-
dam odoribus hominem conficere conatos; quod cum non successisset,
adhibitis quindecim robustis hominibus, in lecto eum pulvinaribus appres-
sisse admovisseque natibus tubam ductilem, plumbariique ferrum (quo
plumbare & ferruminare solent) valde ignitum intus immisisse, atque ita
intestina vitalesq; spiritus simul excussisse. §. 10. des 1326. Jahres.

24  V. 203. Diser ist gezwungen das Reich seinem anverwandten Henrichen
    dem IV. zu übergeben / auff dessen Befehl er kurtz hernach in dem
    Kercker hingerichtet. Polydor. in dem XX. Buch.

25  V. 204. Henrich der VI. ist von dem Reich verstossen / und von Richard
    dem Hertzog von Glocester in dem Gefängnüß umbgebracht / nachmals
    unter die Zahl der Heiligen geschriben. Polyd. XXIV. Buche.

Die Kling auff Edwards Hertz[26] / und als er kaum sich setzte
Auff des entleibten Thron / erblast er in der Schlacht.
Des Achten Henrichs Sohn[27] ward plötzlich weggemacht
Durch unentdeckte Gifft. Wo ist Johanna[28] bliben?
Wie offt war dise schon[29] dem Richt-Beil zugeschriben.
Die endlich wider uns den harten Schluß aussprach.
Vnd wider Recht den Stab auff Cron und gleiche brach?
Verfluchter Tag! als wir von Königen gebohren /[30]
Die Könige gezeugt / von Königen erkohren /
Die Gallien beherrscht / der Schott-Land eigen war
Die Erbin Albions vor frembder Mörder Schar
Erschinen als verklagt: als Knechte sich vermessen
Als Knechte wider uns den Richter-Stul besessen
Vnd die / die keine Macht kennt über sich / als Gott
Der Printzen setzt und richt / verwisen zu dem Tod.
Doch wird diß nahe Licht vil herber Greuel schauen.
Dort liff man umb den Hals der abgekränckten Frauen
Hir wird der Erb-Fürst selbst den Schott und Irr gekrönt
Dem Britten sich verschwor von eignem Volck verhönt.
Man spitzt auffs Königs Brust[31] nicht ein verborgen Eisen /

26  V. 206. Besihe Polydorum in dem XXV. Buche /da dise Grausamkeit
    weitläufftig beschriben wird.

27  V. 208. Cambden. in Apparatu Historiar. Edwardus VI. immaturè morbo
    an veneno incertum praeripitur. Florimundus Remondus de Origine
    Haeres. parte 6. §. 4. vermeinet ihm sey durch ein Clistir vergeben.

28  V. 209. Johanna / Grei oder Graja auff Befehl der Königin Mariae ent-
    haubtet / und wegen ihrer unaussprechlichen Leibes und Gemütes Gaben
    von der gantzen Welt beweinet. Cambden. in apparat. Thuanus lib. XIII.
    Florimond. Remond. part. VI. c. 8. §. 5.

29  V. 210. Elisabeth. Besihe Cambdenum inapparatu.

30  V. 213. Cambden. in Mariae Grabschrifft. Regina. Regis Filia. Regis Gal-
    lorum Vidua. Reginae Angliae Cognata & Haeres proxima. setze darzu
    Regis Scoti Genetrix.

31  V. 225. Vnd dises haben ihnen die Mörder des Königs zu sonderm Ruhm
    angezogen. Aus Schreiben des Parlaments an dem Sabbath Martij des
    1646. Jahres. »Es mangelt an keinem Exempel von etlichen seinen Vorfah-
    ren / welche von dem Parlament abgesetzt und hernach in dem finstern
    heimlich und schändlich ermordet worden. Dises Parlament aber hilt es

34

Man mischt nicht frembde Gifft in unbekante Speisen /
Man legt nicht Zunder ein zu unterirrd'scher Glut /
Man schickt kein untreu Schiff auff die erzürnte Flut /
Auch gehn ihm nicht durchs Hertz vil unversehne Schwerdter /
Man bringt ihn heimlich nicht weg an verdächtig' Oerter /
Sie rasen mit Vernunfft / sie setzen Richter ein
Es muß ihr Doppelmord durch Recht beschönet seyn.
Der / der dem Printzen schwur / spricht wider Carols Leben /
Den Carol vor erhub / hilfft ihn vom Thron abheben.
Wo ihn der Vnterthan mit Schuldikeit empfing
Setzt man daß Richt-Klotz auff / und schleust den Trauer-Ring
Mit König Carols Volck. Er / der sein Leben waget
Für sein verdrucktes Reich / wird von dem Reich vertaget /
Für eines Henckers[32] Fuß / und legt auff einen Streich
Für aller Augen hin sein itzt enthalste Leich.
Doch! zage nicht mein Blut! der runde Kreiß der Erden
Wird über deiner Angst bestürtzt und schamrot werden /
Es wird wo Titan weicht / wo Helice vergeht
Wo das entfärbte Licht der Morgenröt auffsteht /
Vnd wo die Welt sich selbst in ewig Eiß verkehret
Noch seyn der sich voll Weh' ob deinem Ach beschweret.
Europe selbst zureist ihr Thränen-nasses Kleid
In dem was sterblich ist / dein letztes Grabe-Leid
Mit heissen Zehren ehrt / nur du bleib unbeweget
Vnd dencke daß hir nichts als Creutz werd' abgeleget
Wenn man den Leib auszeucht. Das gantze Land ist voll /
Voll Volck / das bald dein Blut mit Blut aussöhnen soll.

*Carol, auff dem Bette. Der Bischoff von Londen. Die Edelleute.*

Halt / halt betrübter Geist! wohin so bald verschwunden?
Wie? oder gibt ein Traum uns neue Seelen-Wunden?

vil bequemer (zu Ehren) der Gerechtigkeit dem Könige zu geben / eine
rechtmässige offenbare Verhöre / durch mehr als hundert Edelleute in
dem allergemeinesten Gerichts Platz u.d.g.«

32  V. 239. Nicht zwar vor eines Henckers sondern eines Obristen; nach dem
er aber Henckermässig gehandelt / ist es nicht unbillich / ihm auch solchen Ehren-Nahmen zu vergönnen.

Maria! schwermt dein Schiem mitleidend umb uns Her?
Wird uns die rauhe Last der nahen Pein so schwer!
Nein! Carl ist noch behertzt die Jahre zu beschlissen /
Vnd sein nicht schuldig Blut vor Abends zu vergissen.
Brich an gewündschtes Licht / wir sind des Lebens sat /
Vnd schaun den König an / der selbst ein Creutz betrat
Verhast von seinem Volck / verlacht von seinen Scharen
Verkennt von Ländern die auff ihn vertröstet waren /
Den Freund / wie uns verkaufft,[33] den Feind / wie uns verklagt /
Vnd kränckt umb Frembde Schuld / und biß zum Tode plagt.

JUXTON.
Der Höchste / wehrter Fürst / wol Ihn den Tag anblicken /
CAROL.
Wir gläuben daß Er werd' uns / seinen Knecht erquicken.
JUXTON.
Drückt ihre Majestät noch ein verborgen Leid?
CAROL.
Wir finden uns getrost / und zu der Noth bereit /
JUXTON.
Hat sie der kurtzen Nacht genossen sonder Sorgen?
CAROL.
Wir haben was geruht / doch wündschend nach dem Morgen.
Die Zeit fällt zimlich eng.
JUXTON.
Es ist mein Fürst noch früh'.
CAROL.
Vns nicht / die wir beschwert mit überhäuffter Müh'.
JUXTON.
Gott wendet Müh in Lust / und hilfft offt sonder Mittel.
CAROL.
Er helffe wie Er wil! reicht uns den Sterbe-Kittel.
O letztes Ehren-Kleid / das Carl mit aus der Welt

33 »V. 263. Ein solcher Schluß war auch bereits gemacht bey den Commis-
sarien von selbiger Nation (der Schotten) und den vornehmsten Officirern
der Armee, welche schon mit den Parlament Häusern sich vereiniget
hatten / und ihn für zweymal hundert tausend Pfundt Sterlings bares
Geldes seinen Feinden verkaufften und verrihten. Beschreib. von König
Carls Leben und Regirung auff der 99. Seiten.«

Von so vil Schätzen nimmt / mit dem die Pracht verfält
Die uns vor disem zirt. Der Purpur muß verderben.
Doch wird der Adern Brunn die reine Leinwand färben.
Auff der wird wenn wir hin mit Blut geschriben stehn /
Wie Albion gewöhnt mit Fürsten umbzugehn.
So weiß wir angethan vom Läger uns erheben /
So sauber wird der Geist vor Gottes Richt-Stul schweben /
Vnd zeugen wider die / die mit geschmincktem Schein
Auff ihres Königs Hals selbst Part und Richter seyn.

JUXTON.

Der Printz vergeb' und laß es Gottes Recht ausführen.

CAROL.

Wir haben längst verzihn diweil wir nichts verlihren.
Cron / Leben / Stand und Reich / und was der Tag hinreist
Schenckt uns die Ewikeit die uns den Zepter weist /
Den keine Noth zubricht. Komt Edlen / helfft uns kleiden:
Diß ist der letzte Dinst / es geht nunmehr ans scheiden!

JUXTON.

Was scheidet nicht die Welt? Was ist das immer steh'
Vnd nicht offt unverhofft / in einem Nun vergeh /
Nicht eine Stund ist dein / die Jahre die verflossen
Sind starcken Strömen gleich / die nimand hemmt / verschossen.
Die wir mit erstem Licht in treuer Huld geküst
Sind nun mehr Staub und Geist; die Zeit / die Marmor frist /
Vnd Ertz in nichts verkehrt / bestreicht die schönen Wangen
Mit kaltem bleiche seyn / und eh' es halb vergangen
Was man zu leben hat / bedeckt der graue Schnee
Die vorhin gelben Haar / man stürtzt' als von der Höh'
In die vertiffte Klufft / man siht nicht was man sihet
In dem so jehen Fall / wie man sich träumend mühet
Vmb ein / ich weiß nicht was / und wenn der Schlaff verschwind /
Kaum ein Gedächtnüß mehr des Schatten-Bildes findt;
So spillt was irrdisch ist durch die bestürtzten Sinnen
Vnd ändert Lust in Leid. Die Freunde selbst zurinnen
Vnd schilen seitenwerts uns über Achsel an.

CAROL.

Vnd treten in den Staub / den vorhin jderman
Mit tiffem Antlitz ehrt. Der uns verpflicht zu schützen

Stöst dises Hertz entzwey / die glantze Schwerdter-Spitzen
Mit den für Carols Heil die grosse Schar bewehrt
Sind (Ach verkehrtes Glück!) auff Carols Brust gekehrt!

JUXTON.

Mit kurtzem! was ein Mensch kan in Gedancken fassen /
Wie hoch! wie weis' er sey: läst oder wird verlassen.

CAROL.

Gebt Wasser / weil das Land in unserm Blut sich wäscht.
Weil unser Sonnen Licht in Thränen gantz verlescht.
Betrübte Königin! die weit von disen Schmertzen
Doch unsre Wunden fühlt. Wie nah' ist deinem Hertzen
Der ferne Donner-schlag der dich unwissend rührt /
Vnd durch des Libsten Sarg in deine Grube führt.
O Seele meiner Seel! wie kläglich wirst du zagen
Vnd auff die weisse Brust die zarten Hände schlagen!
Der weiß auff dessen Treu ein sterbend König steht
Daß unser Jammer-Spil uns nichts zu Hertzen geht
Für deiner Todes-Angst. Wem läst dich Carl / betrübte!
O Seele meiner Seel! O Ewig-trew-gelibte!
O!

JUXTON.

Wer wäscht Engelland von seiner Blutschuld rein?
Dazu wird Tamesis und See zu wenig seyn.

CAROL.

Wo sind die Ritter hin / die durch diß Band verbunden
Doch mehr durch theuren Eyd uns an der Seiten stunden?
Wer zuckt nun für sein Haubt die anvertraute Wehr?
Ihr König laufft gefahr. Wir schwimmen auff dem Meer
Auff dem zustuckten Schiff' nur einsam und verlassen.
Das Ruder ist entzwey! die frechen Winde fassen
Die halben Segel an. Die Seite weicht der Last
Vnd gibt den Wellen nach / die Splitter von dem Mast
Zuschmettern Bord und Gang. Die Ancker sind gesuncken /
Die Kabell gantz zuschleifft. Die hell-entbrandte Funcken
Des Saltzes stiben schir / wo vor die Flacke stund;
Compas und Glas ist weg / wir stürtzen auff den Grund
Vnd schissen in die Höh' und scheittern an die Steine
Ist jemand der es noch mit Carlen treulich meine?

Vnd nicht mit ihm vergeh! der ist umbsonst bemüht
Der in dem fernen Port auff unsern Schiffbruch siht
Vnd nichts als Thränen gibt. Es steht in deinen Händen
Printz aller Printzen Fürst: Ach! hilff uns selig länden!
Sol mein zubrochen Schiff der Wellen Opffer seyn /
So rett' und führe nur die Seel ins Leben ein.

*Carolus. Juxton. Die Printzeß / der Hertzog von Glocester. Die Edelen und Stat-Jungfrauen.*

O libste Schmertzen Gäst!

HERTZ.

Ach!

CAROL.

Ach! verweiste Kinder!

HERTZ.

Ach!

CAROL.

Hertzog sonder Land!

HERTZ.

Ach!

JUXTON.

Printz nichts desto minder.

CAROL.

Princessin sonder Sitz. Statt Jungfern sonder Statt.

JUXTON.

Vnd dennoch in der Welt!

CAROL.

Ach!

PRINCES.

Ach!

CAROL.

Der Donner hat
So hart nicht wider uns als über euch gewüttet.
Die Schwefellichte Glutt die auff uns ausgeschüttet
Trifft leider mehr auff euch.

PRINCES.

Ach! Ach!

CAROL.

Ach wehrter Sohn /

Ach! vorhin höchste Lust als die geraubte Cron

Noch auff den Haren stund / kennst du mich nicht[34] mein Leben?

HERTZ.

Nein Herr!

KÖNIG.

Ich bins den Gott zum Vater dir gegeben.

Hat Kummer mich so sehr mein libstes Kind verstellt?

Mein Kummer ists daß dich mein Vnglück überfällt.

Ach! daß du nie verdint! O Seelen süsse Sonne!

O höchstgewündschte Freud! O vorhin gröste Wonne!

Nun Hertzenherber Schmertz! der Mutter letztes Pfandt

Das sie uns überliß als schon die Glut entbrandt

Darin die Cron verschmeltzt! O liblichstes Gesichte!

Der Mutter wahres Bild / sie gläntzt in solchem Lichte

Als sie die zarte Blum / in Auffgang ihrer Jahr'

In Albion versetzt! auff unser Todten Bar

Verblüht nun Sie und Ihr! das Hertz wil uns zubrechen /

Vnd treufft von mildem Blut! was kan die Zunge sprechen

Die über euch verstumm't? man greifft uns härter an /

Als ein verbittert Haß auff Printzen rasen kan!

Man raubt nicht Stand und Stab / Ach! die sinds die uns kräncken!

Wir lassen nur zu vil.

JUXTON.

Was Gott gelibt zu schencken.

CAROL.

Wem aber lassen wir betrübte Tochter dich?

34  »V. 357. Der Hertzog von Glocester wolte oder könte seinen Vater eine
gute weile nicht kennen u.d.g. kennst du mich nicht fragte seine Majestät:
Nein antwortete das junge Kind. Ich bin dein Vater mein Kind fuhr der
König fort / und es ist nicht das kleinste Theil meines Vnglücks das ich
dich zu disen Elendigkeiten gezeuget habe.« Verschmähete Majestät in
dem II. Buch auff der 181. Seiten. Der Hertzog war damals in dem
zehnden Jahre / gleichwol war der König durch seinen Kummer nicht
wenig verstellet / massen dise so gegenwertig seine Hinrichtung angeschauet /mir erzehlet daß er auff dem Haubt gantz grau gewesen. Dero-
gleichen Abbildung von selben mir gewisen.

Wer nimmt sich deiner an? wird deine Mutter sich
Nach disem Donnerschlag auch wissen auffzurichten
Vnd dich an unser stat versorgen? Ach! mit nichten /
Sie stirbet! sie vergeht! und da sie leben kan;
Wer beut ihr selbst die Faust? wer spricht sie tröstlich an?
Vnd steht ihr hülffreich bey? O Printz zu Leid gebohren!
O Kind das nicht versteht wie vil es schon verlohren!
Vnd itzt verliren muß! So wenig deine Zeit
Ihr Elend überlegt! je mehr wächst unser Leid!
Was gibt dein König dir O Printz den Stand zu führen
Womit sucht libstes Kind dein Vater dich zu zihren?
Princesse! was erlangst du für ein Heyrath Gut?
Der Vater hat nicht mehr als eine Handvoll Blut
Die itzt vertriffen sol.

PRINCES.

Er läst uns seine Leichen
Zum Pfande letzter Gunst! Er läst die libe Zeichen /
Die Thränen zum Geschenck. Er läst was Feindes Hand
Vnd Neid nicht rauben mag / den angebornen Stand.

CAROL.

Der Stand ist eine Bürd unmöglich zu ertragen
Wofern der Fürsten Fürst nicht selbst wil Faust anschlagen.
Der Stand wird / fürchten wir / euch mehr denn tödlich seyn /
Indem die tolle Schar bricht Thron und Orden ein:
Man haut den Stam entzwey / wird man der Aeste schonen?
O besser köntet ihr in Pamanuke[35] wohnen
Als in dem Mord-Pallast: Diß Land darinn ihr sitzt
Ist gantz mit Fürsten Blut durch alle Zeit besprützt /
Ach Kinder! die ihr euch zu Franck und Kat begeben /
Euch gab der wilde Schaum der strengen See das Leben
Das uns die Insel nimmt. Wofern man nach dem Schlag
Der nach dem Nacken zilt / euch lebend nennen mag?
Ihr seyd / wir stehn es zu / uns aus den Augen kommen
Der Strom hat dennoch euch nicht aus der Brust genommen /
Eur König gibt euch nicht wie disen gute Nacht /
Doch unser Vater Hertz / das auch schon sterbend wacht /

41

35    V. 398. Ein Stück Landes bey einem Fluß in Virginien.

Küst euch durch dise zwey die er nicht mehr wird küssen!
Doch sol der blasse Geist in sanfftem Traum euch grüssen
Vnd trösten durch die Nacht: wo dencken wir doch hin?
Wir haben dise zwey / die beyde zu Gewin.
Doch was Gewinn ist diß daß wir in thränen schwimmen?
Daß uns die Geister gantz eh' als wir Tod verglimmen?
Auff! wischt die Zehren ab / der Cronen gibt und nimmt
Hat jedem seine Maß / sein Jammermaß bestimmt!
Er weiß allein warumb / und hält den Grund verborgen
Biß ihn das End' entschleust / der wird für alle sorgen
Vnd heilen was er schlägt. Vns dünckt wir schauen schon
Den hochbegehrten Carl auff König Carels Thron /
Die Schotten gantz bethränt / gantz Albion in Reue
Den wüsten Irr bestürtzt / man rühmt des Königs Treue
Indem sein Cörper fault. Des Fürsten Vnschuld blüht
Aus seiner Todten-Grufft / weil sich die Welt bemüht
Zu retten seine Cron.
PRINCES.
Ach! ist diß unser scheiden?
Ach König! schau ich Ihn! schau ich Ihn Vater leiden!

42

CAROL.
Du schawst mein Kind wie Ich diß lange Leiden schliß;
Indem Ich Freudenvoll vors Recht mein Blut vergiß.
Du schawst was Gott verhengt / doch mir zu sondern besten
(Wie schwer es immer scheint) der wolle dich befesten
Daß dich kein rauher Sturm kein Anfall von ihm reiß.
Der Erden Pracht ist Dunst. Tritt auff kein schlipffrig Eiß.
Vor allen scheu dich dein Gewissen zu beflecken.
Wenn Gott an jenem Tag uns frölich auff wird wecken;
Sol dise Beylag uns ein Kennezeichen seyn
Im Anblick aller Welt wer Gottes und wer mein.
Du hast des Höchsten Buch. Liß was er vorgeschriben.
Laß leichter Federn Gifft dir nimmermehr beliben /
Ein nicht zu sauber Blatt steckt reinste Seelen an
Mit Funcken die Vernunfft und Zeit kaum leschen kan.

Wofern ein Zweifel dir die Sinnen wil anfassen;[36]
So liß was Andreson und Witt uns hinterlassen /
Was Hacker auffgesetzt / was Laud uns vorgestelt /
Vnd sterbend unlängst noch bekräfftigt vor der Welt.
Du aber du mein Sohn! Leb indenck diser Wortte;
Du hörst den Vater itzt und König an dem Ortte /
Indem er sich nunmehr zu sterben fertig macht
Vor Recht und Grund gesetz. Drumb nim dich selbst in acht
Vnd meide meine Leich so schändlich zu beschimpffen /
Daß da man meinen Mord gesonnen zu verglimpffen
Indem man / weil noch wer von deinen Brüdern lebt /
Dich Ihn zu Nachtheil ehrt und auff den Thron erhebt;
Du dich erkühnen dörffst Ihr Vorderrecht zu brechen
Vnd was mein Blut anitzt bestärcken sol zu schwächen.
Fleuch / meide dise Schmach / geh solchen Rath nicht ein /
So wird der Götter Gott dein stärckster Schutzherr seyn.
HENRICH.
Mein König mich sol eh ein wildes Roß[37] zureissen:
Als daß mich eine Zeit solt ungehorsam heissen /
Als daß ich den Befehl aus meiner Seelen setz /
Vnd seines Seegens mich Herr Vater unwerth schätz /
Es blüh' auff seinem Stull der zu dem Stull gebohren.
Wer frembde Reich' einnimt hat durch Gewinn verlohren.
Bleibt Bischoff / bleibt mein Zeug! O wann sein Grab das mein!
PRINCES.
Ach! könte doch mein Tod erleichtern seine Pein.
HENRICH.
Herr Vater / ach solt ich mit ihm das Leben schlissen!
PRINCES.
Könt ich / mein Blut vor ihn mein Fürst / mein Herr / vergissen!

---

36  V. 441. Von diser ernsten Vermahnung des Königs meldet die Verschmä-
    hete Majestät in dem ersten Buch der 118. seiten.

37  »V. 457. Der Hertzog antwortete mit Verwunderung seines Vatern / den
    er hirüber sehr ernstlich ansahe: daß er sich eher mit wilden Pferden
    wolte zerreissen lassen als solche Frevelthat begehen. Verschmähete Ma-
    jestät an gedachtem Orte.«

HERTZ.

Mein König rettet ihn kein Beystand keine Flucht?

PRINCES.

Bringt sein Anheimkunfft Herr / so schmertzenreiche Frucht?

CAROL.

Nun Kinder! lernt euch stets vor Gott dem Höchsten neigen /
Dem Bruder euer Pflicht Gehorsam zu erzeigen /
Dem Bruder / der (ob schon Ihn Well und Wetter treibt)
Doch diser Länder Fürst und euer König bleibt.
Lebt fester durch die Lib' als gleiches Blut verbunden.
Es werde Brüder Treu und Schwester Hold gefunden
In beyder Hertz und Geist weil etwas in euch lebt.
Noch eins und das zu letzt / Lernt von mir und vergebt.
Betrübt uns ferner nicht Princess mit mehren Zehren
Der Himmel blick euch an! er wolle dir bescheren
Was er uns nicht vergönnt / Er nehme der sich an
Der er den Vater nimt / die keinem trauen kan
Als dem der ewig treu! Er linder deine Schmertzen /
Princeß nimm unsern Tod so hefftig nicht zu Hertzen /
Vns rufft ein grösser Reich! Ade gelibter Sohn!
O Jugend die nicht fühlt wie die zustückte Cron
Auff Stuards Sprossen knackt! der Printzen Printz erhebe
Durch dich was in uns fällt / er segne dich und gebe
Was unser Wundsch nicht kan / Er laß ihm unser Blutt
Für euch genehme seyn und rett euch aus der Flutt
Durch die wir überströmt. Geht! liben Kinder gehet!
Weil eur verdamter Fürst und Vater einsam stehet!
Geht! liben Kinder geht! der Vater steht allein!
Sein Purpur ist entzwey! ihn hült ein Traurkleid ein!
Doch schreyt sein weinend Hertz! ob gleich die Lippe schweiget
Zu dem der ewig herrscht und ew'ge Cronen zeiget!
Auch sein vergossen Blut wird mahlen auff den Sand
Das Vnrecht das er lidt. Auff Kinder! streckt die Hand
Mit uns zu beyder Gott! Er wird der Feinde wütten
Vnd stoltzem tolle seyn / in kurtzem Trotz gebitten /
Diß hofft ein schmachtend Hertz. Ade mit disem Kuß!
Vnd hirmit gutte Nacht! gebt unsern Thränen-Gruß
Wofern es Gott vergönt / dem fernen Paar der Brüder

44

Der Mutter die halb Todt / und eurer Schwester wider:
Der Mutter die kein Tag[38] mir aus den Sinnen nam /
Von jener Zeit an da sie in mein' Armen kam.
Der Mutter / die ich nicht werd aus dem Hertzen lassen;
Biß mein enthalßtes Haubt wird auff dem Platz erblassen.
Welch Zagen setzt uns zu / wir fühlen nur zu woll
Wie scharff das Eisen sey das uns zutrennen soll.
Nehmt dise Denckmal hin und dise letzte Küsse!
Fahrt wol biß ich bey Gott ergetzt in Freud euch grüsse.
O! führt die Kinder weg! Ich laß euch Wehmutsvoll
Euch die Ich dort in Lust auff Ewig schauen soll!
Fahrt wol auff kurtze Zeit! sie gehn benetzt mit Zehren
In heisser Seelen Angst.

JUXTON.

Doch wird sie Gott gewehren
Mein Fürst mit steter Wonn' und was er hie verläst.
Er bau auff disen Grund!

CAROL.

Der Grund ist bey uns fest.
Muß schon ein Vater-Hertz die harten Riß empfinden;
Doch müht der Geist sich hoch diß Leid zu überwinden /
Vnd schlägt den Jammer aus.

JUXTON.

Chur Pfaltz ist höchst bemüht /[39]
Mein König Ihn zu sehn!

CAROL.

Den König! der verblüht!
Danckt Chur Pfaltz vor die Treu. Er würd auffs neu erbittern
Durch seine Gegenwart / die Schmertzen die sich wüttern
Vnd an die Seele gehn: Ihr! sorgt für unser Leich!

38     V. 503. An dem Tage bevor seinem Tode hat Er der Princessinne Elisabe-
       tha seiner Tochter befohlen ihrer Mutter zu sagen / daß seine Gedancken
       sie nimmer verlassen / und seine Affection gegen Ihr derogleichen biß
       zum Tode continuiren solte. Beschreibung des Lebens und Todes Caroli
       auff der 28. Seiten.

39     V. 519. Engellandisch Memorial in der kurtzen Erzehlung von dem Tode
       Carols auff der 106. Seiten.

Vnd zeigt dem Richmond an daß nach verrichten Streich
Wir dise letzte Gunst von ihm und euch begehren:
Er lasse nicht diß Fleisch durch schnelle Fäul auffzehren
Vnd gönn uns noch zu letzt die Handvoll Specerey[40]
Daß ob wir von der Welt; doch noch auff Erden sey
Was Cron und Thronerb schaw: er mag aus unserm Wesen
Vnd blassem Angesicht sein eigne Pflichtschuld lesen /
Wir sorgen weitter nichts. Diß was uns noch gelibt
Ist was vom Himmel kam und uns den Himmel gibt.

*Chor der Syrenen.*

I. Chor.

Himmel ist das Zil der Dinge / daß des Höchsten Hand gesetzt
Durch das schnelle Rad der Zeiten zu dem letzten Zweck gerückt!
Da der weite Bau der Erden durch die strenge Glut verletzt
Wird in Asch und Nichts verfallen! macht der Richter sich geschickt
    Die grosse Schuld zu rechen /
    Vnd alles einzubrechen.

I. Gegen-Chor.

Rasen darumb durch die Wellen / stärcker als die Welle geht /
Die geschwinden Sturm-erwecker? bricht drumb Ost den Westen
    ein?
Wil die Klippe darumb spalten / wird die Seichte drumb erhöht?
Wil die Vorburg Amphitritens auch nicht länger felsern seyn /
    Weil alles über Hauffen
    In einem Nun sol lauffen?

I. Abgesang beyder Chore.

    Wie? oder stellt des Höchsten Macht
    Ein unerhörtes ändern an?
    Hat sich sein Geist auff was bedacht
    Das kein Gemütt ersinnen kan?

II. Chor.

40   V. 527. Wie schnöde es mit diser Einsalbung der Leiche zugegangen /
erzehlet Clamor Regii Sangvinis, so hirüber zu sehen.

46

Kaum in einem Sonn-umblauffen sind schir alle Thron entleert.
Cimberns Silber-Haar verstäubet / weil der Cron-Erb wird verschart.
Der Sarmater Fürst gesegnet eh die Auffruhr ihn beschwert

Bosphers Blitz / Europens Schrecken / hat den grausen Strang erhart.

> Der stirbt / eh' als er stirbet
> Der so wie er verdirbet.

## II. Gegen-Chor.

Auf den Iber wetzt man Klingen / und verschwert auf Portugall.
Auch der Adler siht Verrähter / Franckreich greifft die Liljen an.
Nun erbebt das Rund der Dinge / über Stuards herbem Fall.
Amphitrit ist gantz bestürtzet daß die Tems es wagen kan.

> Sah man in einem Jahre
> So viler Printzen Bare?

## II. Abgesang.

Des Himmels Licht entbranter Schlag
Geht auff der Völcker Hirten loß
Nun rette wer sich retten mag /

Ihr Schafe fliht. Die Noth ist groß.

# Die Dritte Abhandelung

*Fairfax und seine Gemahlin.*

FAIRFAX.

Sie trau: Ich werde nicht mein Wort zu rücke nehmen
Dafern bewuste zwey sich zu der That bequemen;
Soll eh der Abendstern wird aus der See auffstehn /
Der König frey von Angst und Stock und Band entgehn.

GEMAHLIN.

O! wer wird dises Stück nach Würden preisen können!
Möcht auch der Himmel uns / mein Licht / was schöners gönnen          48
Als disen Anschlag mir / Ihm Mutt und Tapferkeit
Den Vorsatz zu vollzihn?

FAIRFAX.

Ich eil’ / es heischt die Zeit
Daß man sich nicht zu lang mit Reden hir verweile.
Wo ich die Wach auffs neu / auffs neu die Heer eintheile;
So hats nichts ferner noht. Sie steh mit Seuffzen bey
Damit nicht beyder Wundsch und Müh vergebens sey.
Ich scheide mit dem Kuß.

GEMAHLIN.

Gott laß es wol gelingen!
Er laß ihn was er wagt mit Nutz und Heil vollbringen!

*Hugo Peter. Franz Hacker. Wilhelm Hewlet.*

PETER.

Vil Glücks.

HACKER.

Ich sag Ihm Danck. Wie schau ich Ihn so früh?

PETER.

Was macht der grosse Mann[41] uns nicht für Sorg und Müh?

HACKER.

Waar ists! doch nunmehr wil sein letzter Tag erscheinen.

---

41  V. 16. Sind seine eigene Worte / die ihm in der Peinlichen Klage vorge-
    worffen. Verschmähete Majestät in dem 3. Buch auff der 417. Seiten.

PETER.

Drumb ist noch mehr zu thun als jmand darff vermeinen.

HACKER.

In Warheit / wie ich seh'/ es stöst sich hir und dar

PETER.

Fast jder / spür ich / läst ihm traumen von Gefahr.

HACKER.

Ein Bub' ein Hencker dorfft uns seinen Dinst versagen.[42]

PETER.

Doch fand man Rath den Kopff dem Blutthund abzuschlagen.

HACKER.

Wie schwer gings zu eh man die Vollmacht unterschrib.

PETER.

Drumb kam es gutt daß man das Werck mit Macht durchtrib.

HACKER.

Ja was auch Axtel[43] that Hunck selbst dorfft uns entfallen.

PETER.

Hunck? läst er Sinn und Witz so fern / so blöd umbwallen?

HACKER.

Wo ihn nicht Axtel bringt zurück auff rechte Bahn.

PETER.

Gutt ists daß man so vil einlud in disen Kahn.

HACKER.

Es würde / wann es nicht so wol bestellt / sehr wancken.

PETER.

Der Feldherr macht mir selbst nicht wenige Gedancken.

42 »V. 21. Die Zeugen wider Hewlet / bekräfftigten daß sie den Nach-mittag darauff (nach des Königs Tode) mit dem gemeinen Scharff-richter geredet: Welcher gesaget: er danckte Gott / daß er diß greuliche Mord-Werck nicht verrichtet / welches man zwar begehret daß er es thun sollen / er hätte es aber nicht gethan / ja nicht umb tausend Pfundt Sterlings thun wollen.« Verschmähete Majestät in dem III. Buche auff der 421. Seiten.

43 V. 25. Er ward beschuldigt unter andern daß er zu dem Obristen Hunck als er den Machtbriff vor dem Scharff-Richter nicht unterschreiben wollen / in Cromwells Kammer gesagt: »Ich schäme mich umb deinetwegen / daß du itzund da wir so nahe sind in einen sichern Hafen zu lauffen / die Segel einziehest /ehe wir das Ancker ausgeworffen.« Eben daselbst auff der 419. Seiten.

HACKER.

Nein / ich versichre dich / der Feldherr läst uns nicht.

PETER.

Vnd gleichwol wolt er nicht besitzen das Gericht.

HACKER.

Aus Schein / als ob er noch den Schottschen Eyd behertzte /

PETER.

Wenn er hir durch nur nicht Ambt / Stab und Haubt verschertzte.

HACKER.

Sein Leben hängt hiran das Stuard nicht entgeh.

PETER.

Ich spür / entging[44] er uns / ein unerhörtes Weh /

Es würd in einer See von Blutt diß Reich versincken

Vnd Cromwel selbst was er dem König einschenckt trincken.

HACKER.

Der König wendet itzt die höchste Sanfftmut vor.

PETER.

Wer auff die Sanfftmut fußt mein Hacker ist ein Thor.

HACKER.

Man muß bey solcher Noth bedachtsam umb sich schauen.

PETER.

Nicht auff scheinheilge Wort und falsche Tugend bauen.

HACKER.

Der Prister Schar macht uns das Volck nicht wenig irr.

PETER.

Man zeige mir / was nicht der Prister-Schar verwirr.

HACKER.

Sie schatzt vor Schuld und Fluch auffs Königs Blutt zu wütten.

PETER.

Wie? sucht sie abermals Barabbas los zu bitten?

HACKER.

Den sie vorhin mit Mund und Kirchen-Geld[45] bekrigt?

44  »V. 36. Seine Worte sind gewesen. Er wird alles wider mit Blutte färben / wann wir sein Blut nicht vergissen.« Eben daselbst auff der 418. Seiten.

45  »V. 47. Als etliche sich von uns zu erst auffmachten vor das Parlament zu gehen / das thaten die Vorschläge und Ordnungen der Herren und Gemeinden im Parlament Geld und Silber-Werck einzubringen. Verant-

PETER.

Sie schmertzt daß er vor uns / nicht ihren Füssen ligt /

HACKER.

Ich schaue nicht wie sie mit Nachdruck sey zu zwingen.

PETER.

Zu zwingen? last zwey / drey der frechsten Köpfe springen.

HACKER.

Das vor Blutt-Zeugen sie das tolle Volck außschrey.

PETER.

Man lege diser Schuld mehr Klage Stücke bey.

HACKER.

Man weiß …

PETER.

Halt Hewlet kommt – – Du wirst den Abgott
    fällen[46]

Du Jerub-baal du / du wirst die Freyheit stellen

Auff unbewegten Grund. Du bists den Gott uns schickt /

Durch dessen Faust er Kirch und weites Land erquickt.

Vnd unsern Joram stürtzt. Leb ewiglich gesegnet!

HACKER.

Du bist zu rechter Zeit mir gar gewündscht begegnet.

Der Höchste rüste dich mit Stärck und Beystand aus!

Auff deinem Arm beruht der Britten Heil und Hauß.

HEWLET.

Ich bin bereit mich selbst vor Brittens Heil zu wagen

In grimster Schmertzen Noth / wie könt ich hir denn zagen

Nun der gerechte Gott des Ertz-Tyrannen Zil

Zu schrecken was noch herscht durch mich befesten wil.

HACKER.

Recht so! doch das man auch das Recht nicht unrecht handel;

Vnd auff gewisser Bahn / nicht ausser Gräntzen wandel;

wortung der Diner des Evangelii in dem Engelländischen Memorial auff
der 73. Seiten.«

46  V. 53. Disen Namen / Abgott / und Barrabas hat Hugo offt dem Könige
zu geben pflegen. Besihe den 10. Klag-Punct wider Hugo Petern.

Trägt dir / Krafft diser Schrifft / der Rath die Vollmacht[47] auff
Vnd gönnt so vil an Ihm dem Vrtheil seinen Lauff.

PETER.

Diß ist des Herren Wort! hir / hir ist Gottes Finger!
Er strafft nach heilgem Recht den Recht- und Land-bezwinger /
Diß ist der grosse Schluß der in der Wächter Schar
Einhellig abgefast und außgesprochen war.
Legt Hand an! last euch nicht der Blätter Schmuck bewegen!
Legt Hand an! last uns Aest und Gipfel nider legen.
Man haw den Baum entzwey / der Reiche / Städt und Statt /
Mit ungemeiner Pracht vor überschüttet hatt.
Schau Held! hir ist das Beil[48] / das Gott dir selbst heist reichen.
Auff eil und mache dich an Carls unfruchtbar' Eichen /
Vns hat (es ist nicht ohn) der Blätter Schein verführt;
Nunmehr ists Zeit! haw' ab!

HEWLET.

Mein Hertze wird gerührt.
Ich küsse Briff und Beil. Mir wird anitzt vertrauet;
Was noch von Anbegin die Erden nicht geschauet.
So viler heil'gen Wundsch und unterdruckter Wonn
Der längst erblasten Rach.

PETER.

Noch ungeborner Sonn
Wer da? – – Last uns von hir – – – Ich hab euch noch ihr Helden
In innerster Geheim was wichtigs anzumelden.

*Zwey Obersten.*

I. OBERSTE.

Solt auch der Feldherr noch zu überreden seyn?

47   V. 67. »Frantz Hacker ward beschuldiget / daß er den Befehl Briff dem
Bluthunde der den Mord mit eigner Hand verrichtet / eingehändiget.
Verschmähete Majestät III. Buche auff der 420. Seitten.«

48   V. 77. Ich bin glaubwürdig berichtet / daß wenig Zeit vor Widereinsetzung
König Carls des II. gewisse reisende den Hugo Petern in Engelland ersuchet / bey welchen sie in demselbigen Gemach / darinnen er die Fremden
vor sich zu lassen gewohnet gewesen / ein sehr grosses Beil in roten
Duppeldaffend eingewickelt hangend gesehen.

II. OBERSTE.

Der Frauen Vorschlag ist nicht sonder Ruhm und Schein

I. OBERSTE.

Vnd Fairfax strebt nach nichts als unverwelckter Ehre

II. OBERSTE.

Wie leicht ists daß er dann nach ihren Worten höre?

I. OBERSTE.

Die ungemeine Lib' unüberwindlich macht.

II. OBERSTE.

Sie weiß daß Fairfax nichts so als / sie einig acht /

I. OBERSTE.

Gesetzt er steh es zu; was wil uns mehr gebühren?

II. OBERSTE.

Großmüttig was wir schon versprochen außzuführen.

I. OBERSTE.

Waar ists des Königs Tod der steht mir gar nicht an.

II. OBERSTE.

Diß einig ists was noch den Streich verhindern kan.

I. OBERSTE.

Vnd Britten von vil Schmach uns von vil Angst befreyen.

II. OBERSTE.

Doch wie wann Carl durchauß hartnäckichit zu verzeihen?

I. OBERSTE.

Hat er vor disem nicht so offt und vil verzihn?

II. OBERSTE.

Wir zwingen gleichwol Ihn aus Land und Reich zu flihn.

I. OBERSTE.

Zuflihn vor seinem Tod und unerhörter Schande

II. OBERSTE.

Käm er mit neuer Macht uns widerumb zu Strande.

I. OBERSTE.

Villeichte dint es wol vor das gemeine best.

II. OBERSTE.

Ja wol! das wäre schön der Länder Heil befest.

I. OBERSTE.

Hochnötig wär' es daß man was zu fürchten hätte.

II. OBERSTE.

So glaubst du daß man sich durch Furcht aus Vnruh rette?

I. OBERSTE.
Aus Vnruh / was noch mehr aus höchster Sicherheit.
Vnd Zweytracht die schon blüht. Wie wirds nach diser Zeit
Vmb das Gebitte stehn? Was wird sich nicht entspinnen?
Sihst du wie Cromwel sucht die Hertzen zu gewinnen?
Durch was vor frembde Renck er sich ins Ansehn spil.
Glaubt man das Fairfax nicht versteh wohin er zil.
Dörfft auch der Bürger-Krig sich aus der Asch' erheben;
Wofern nicht Fairfax sich wil seiner Macht begeben.
Last auch gewündschte Ruh in Albion einzihn;
Wird dann nicht unser Ruhm mit unserm Dinst verblühn?
Wird nicht das Volck diß Stück gantz anderwerts betrachten;
Vnd die es itzund fürcht vor Königs Mörder achten?
Glaub es ist unser Nutz / das Britten in der Näh
Damit es munter bleib / was schwartze Wolcken seh.

II. OBERSTE.
Vernünfftig überlegt. Wie aber würd' es gehen
Wenn wider uns das Heer auffrührisch wolt auffstehen
Vnd beiden

I. OBERSTE.
Stelle nur die Sorgen aus der Acht.
Das Heer ist uns zu Dinst. Wann hat es je bedacht
Was auch der Feldherr schloß. Weil ihm die Sonne scheinet;
Ist keiner der nicht lobt und preist was er vermeinet.
Man rühmt sein Anschläg' / ehrt sein ungemeine Stärck /
Mit kurtzem / was er thut sind lauter Wunderwerck.
Wird er des Königs Haubt zu retten sich bequemen
Sie werden all es vor ein rathsam Stück annehmen;
Man streich alsdann die That mit etwas Farben aus
So fält uns jeder zu. Ich glaub es sey kein Hauß
Von Ansehn / in dem nicht zum minsten einer klage:
Daß man sich mit dem Beil an Carols Nacken wage.
Auch die die vormals wol beschimpften seine Macht
Hat der betrübte Fall in tiff' Erbarmung bracht.
Doch schau der Feldherr selbst.

II. OBERSTE.
Halt unsern Schluß verholen
Biß er sich selbst zu erst erklähre.

53

I. OBERSTE.

Wol befohlen.

*Fairfax: Der I. und II. Obriste.*

FAIRFAX.

Ich find euch höchst-gewündscht. Bleib Leib-wach was zurück.

I. OBERSTE.

Der Feldherr sey gegrüst.

FAIRFAX.

Was dünckt euch zu dem Stück?

Soll auff heut Albion das größte Traurspil sehen?

II. OBERSTE.

Der Feldherr red' ein Wort / sein Wille soll geschehen.

I. OBERSTE.

Die Rüstung steht bereit. Wann er nur Hand anlegt /

Wird Augenblicks das Werck wohin er wil bewegt.

FAIRFAX.

Hab ich ohn euren Rath wol etwas vorgenommen?

I. OBERSTE.

Ruhm ists wo wir Ihm je mit Rath entgegen kommen.

FAIRFAX.

Was übrig / Freunde ligt so wol an euch als mir.

I. OBERSTE.

Bedarff er unsern Dinst zu etwas: Wir sind hir.

II. OBERSTE.

Man fasst die Vrtheil' ab auff daß sie außzuführen.

FAIRFAX.

Wolan! so sterb er dann / fahrt wol.

I. OBERSTE.

Hir kan man spüren /

Daß sein Gemahl ihn nicht auff ihre Meinung bracht.

II. OBERSTE.

Gutt ists / daß man sich nam auff seine Wortt' in acht.

Vnd nicht bald bloß gab.

I. OBERSTE.

Ach! so muß der König leiden!

II. OBERSTE.

Es scheint der Himmel heiß' Ihn aus dem Elend scheiden

Das vor der Thüren wacht. Wilst du nicht mit hinein?

I. OBERSTE.

Fahr wol mein Freund! ich mag nicht bey dem Bluttrath seyn.

*Thomas Fairfax. Olivier Cromwell.*

CROMWELL.

Der grosse Tag bricht an der uns wird freye sehen.

FAIRFAX.

Den aller zeiten Zeit wird loben oder schmehen.

CROMWELL.

Ein ewig-blühend Lob siht nur den Außgang an.

FAIRFAX.

Den weder ich noch du / noch itzund wissen kan.

CROMWELL.

Es steht bey dir und mir das Werck recht einzurichten.

FAIRFAX.

Noch mehr bey Gott und Glück zu stärcken was wir schlichten.

CROMWELL.

Hat Glück und Gott bißher die Waffen nicht gekrönt?

FAIRFAX.

Offt hat die letzte Flucht den ersten Sig verhönt

CROMWELL.

Es kan nicht übel gehn. Wir stehn für Kirch und Hütten.

FAIRFAX.

Diß gab auch Stuard vor / auff den wir itzund wütten.

CROMWELL.

Wir wütten wider den / der über uns getobt.

FAIRFAX.

Den gantz Europ' und selbst gantz Albion gelobt.

CROMWELL.

Das Werck ist nun zu fern / wir können nicht zu rücke.

FAIRFAX.

Nur daß sein Vntergang uns beyde nicht erdrücke.

CROMWELL.

Er drücke! wenn mit mir mein Todfeind nur erdrückt.

FAIRFAX.

Dein Erb-Herr

CROMWELL.

Wider den ich Gottes Schwerdt gezückt.

FAIRFAX.

Wohin wird unser Kahn von disem Sturm geschmissen?

CROMWELL.

Vil besser Carols Kopff als meinen abgerissen!

FAIRFAX.

Die Faust siht schrecklich aus die Fürsten Blutt befleckt.

CROMWELL.

Tyrannen Blutt steht frisch. Wie Feldherr / so erschreckt?

FAIRFAX.

Der Briten grosses Land ist ob dem Stück erschrocken.

CROMWELL.

Warumb? daß Carol frist / was er uns ein ließ brocken!

FAIRFAX.

Der Prister gantze Rey rufft wider dises Spil.

CROMWELL.

Sie selbst ist der das Werck im Anfang so gefil.

FAIRFAX.

Sie rufft / sie schreit / sie schreibt / von Cantzel / Hauß und Stülen.

CROMWELL.

Sie schreibe wie sie wil und laß' uns Recht außspilen.

FAIRFAX.

Die Cantzel bauet uns nicht wenig vor das Licht.

CROMWELL.

Was geht den Krigsman an / was dort ein Pfaff anricht?

FAIRFAX.

Kan nicht ein Prister offt vil tausend Mann bewegen;

CROMWELL.

Er hat die Zunge nur / wir führen Stahl und Degen.

FAIRFAX.

Ein starcker Mund richt mehr als tausend Degen an.

CROMWELL.

Der Degen zäume den der sich nicht zäumen kan.

FAIRFAX.

Diß Volck ist vil zu zart / man muß sie sanfft einwigen.

CROMWELL.

Mich muß ein Pfaffe nicht vil bey der Nase krigen.

FAIRFAX.

Mit ihnen kommt und fleucht das Volck als Ebb und Flut.

CROMWELL.

Ward nicht des Bischoffs Kleid besprützt mit Bischoffs Blut.

FAIRFAX.

Wer hat ihn von dem Thron / als Prister abgedrungen?

CROMWELL.

Man wage noch einmal was einmal ist gelungen.

FAIRFAX.

Man wagt ein Ding zwar offt / daß nicht stets gleich gelingt.

CROMWELL.

Wer ist es / der uns / nun die Bischöff' hin / bespringt.          56

FAIRFAX.

Die / so die Kirchenmacht der Eltesten erkennen.

CROMWELL.

Vnd sihst du nicht daß sie sich suchen weiß zu brennen?

FAIRFAX.

Ich bin der nicht der in der Menschen Hertzen siht.

CROMWELL.

Es kränckt sie daß die Schar der Vngebundnen blüht.

FAIRFAX.

Die sich hat in den Raub[49] der Bischoff eingetheilet.

CROMWELL.

Es schmertzet jene / daß es ihrem Geitz gefeilet.

FAIRFAX.

Auch kommt der Britten Recht nicht mit uns überein /

CROMWELL.

Der Britten Recht / mag Recht für schlechte Britten seyn.

FAIRFAX.

Der Völcker Recht verbeut Erb-Könige zu tödten.

CROMWELL.

Man hört die Rechte nicht / bey Drommeln und Trompeten.

FAIRFAX.

Trompet und Drommel sind dem Könige verpflicht.

---

49   V. 201. Vil hatten sich gespitzet auff die Gütter und Einkommen der Bi-
     schoffe / welche hernach die Independenten zu sich gezogen.

CROMWELL.

Vor / da er König war. Carl ist kein König nicht.

FAIRFAX.

Wir selbst sind durch den Eyd fürs Königs Haubt verbunden.

CROMWELL.

Fürs Königs Pochen ist auch unser Eyd verschwunden.

FAIRFAX.

Vnd so kommt Engelland umb sein gekröntes Haubt.

CROMWELL.

Mit allen / die bißher an dises Haubt / geglaubt.

FAIRFAX.

Das trotze Calidon sucht seinen König wider

CROMWELL.

Wo es in Waffen sucht / schlag es gewaffnet nider.

FAIRFAX.

Es hat auff Carols Haubt mehr Anspruch[50] fast als wir.

CROMWELL.

Was Calidon verkaufft das such es nicht bey mir.

FAIRFAX.

Es schickt und dinget noch umb seines Fürsten Leben.

CROMWELL.

Es hat den Fürsten selbst uns Britten übergeben.

FAIRFAX.

Als man das Leben Ihm außdrücklich zugesagt.

CROMWELL.

Als durch vergossen Blut er noch nicht ward verklagt.

FAIRFAX.

Man schwur: auffs minste nicht sein Heil und Haubt zu letzen.

CROMWELL.

So pflegt man was man wil / den Kindern einzuschwetzen.

FAIRFAX.

Schlägt man ihr Bitten aus / so trotzt man ihre Macht.

CROMWELL.

Sie haben bey sich selbst ihr Bitten nicht bedacht.

FAIRFAX.

Was werden sie nicht tun / wird ihr Anbringen feilen.

50   V. 215. Sintemal Er ein geborner Schotte.

CROMWELL.

Indessen mögen sie die nechste Wunden heilen.

FAIRFAX.

Die Catten springen selbst dem Vnterdruckten bey!

CROMWELL.

Meint man das Catten Ernst / bey dem Ersuchen sey?

FAIRFAX.

Sie sind mit Stuards Hauß und Stamm und Statt verbunden.

CROMWELL.

Noch mehr mit uns / die wir uns in ihr Recht gefunden.

FAIRFAX.

Der Stuards Tochter hat / vermag da mehr denn vil.

CROMWELL.

Waar ists! doch er vermag nicht alles was er wil.

FAIRFAX.

Der todte Fürst / wird Fürst und Freund in Harnisch jagen.

CROMWELL.

Die haben mehr denn vil zu Hause zu vertragen.

FAIRFAX.

Ein König eyvert hart umb eines Königs Tod.

CROMWELL.

Stuarda fil durchs Beil! was hatten wir für Noth?

FAIRFAX.

Genung. Wenn Well' und Wind[51] den Iber nicht bekriget.

CROMWELL.

Die sind uns noch zu dinst: wir haben mehr gesiget.

FAIRFAX.

Wenn Albion nicht selbst Fürst Carlen bey wil stehn.

CROMWELL.

Wer vil von Carlen schwetzt / sol Carles Gänge gehn!

FAIRFAX.

Soll man durch so vil Blutt die neue Freyheit kauffen!

51 V. 237. Der herrliche Sig über die Spanische unerhörete Schiffsmacht so wider Engelland in dem 1588. Jahr ausgerüstet; rührt nechst Gott mehrentheils dannenher / daß die Engelländer sich der Winde wol zu gebrauchen gewust welche den Spaniern damals gantz zu wider gewesen. Besihe Cambden. in dem III. Buche in den 1588. Jahre; Grotium in den Niderländischen Geschichten in dem 1. Buch. Thuanum, Stradam, und andere.

CROMWELL.

Wer dinen wil der mag in seinem Blutt ersauffen.

FAIRFAX.

Wer immer Schwerdter wetzt kan keinmahl sicher seyn.

CROMWELL.

Man schreckt / was schrecken wil mit Schwerdt und strenger Pein.

FAIRFAX.

So wird des Adels Blum' und manches Hauß verletzet.

CROMWELL.

S'kommt auff zwey / drey / nicht an / wenn man den Statt versetzet.

FAIRFAX.

Springt auff der Schlangen Leib / sie beist noch in den Fuß.

CROMWELL.

Vmbsonst! wenn sie den Kopff zuknicken lassen muß.

FAIRFAX.

Das Werck wird gantz befleckt / durch so vil Blutvergissen.

CROMWELL.

Wir pflantzen Früchte / der die Nachwelt wird genissen.
Nur muttig! du wirst sehn / ob schon der Anfang schwer;
Es werde für sich gehn. Ich habe mit dem Heer
Hoff / Richt-Platz / Port und Marck besetzt. Wil sich was regen
So geh die Klinge loß. Der zittert vor dem Degen
Der ein gevölltes Hauß / ein unerzogen Kind /
Ein Eh'bett für sich hat.

FAIRFAX.

Wir wissen wo wir sind!

CROMWELL.

Ich schwere bey der Macht die mich so hoch erhaben /
Wenn auch mein nechstes Blutt / ja meiner Heyrath Gaben
Im Wege wolten stehn / sie solten für mir seyn
Als der geringste Kopff der wüttenden Gemein.

*Fairfax. Hugo Peter. Cromwell.*

Wol / was komm't neues hir!

PETER.

Aus Catten alte Schreiben!

CROMWELL.

Das Vrtheil läst sich nicht durch Federn hintertreiben.

PETER.

Der Cron enterbter Erb / hält für den Vater an!

FAIRFAX.

Vmbsonst. Weil er nicht mehr als Briffe schicken kan!

CROMWELL.

Was macht verruckter Sinn! was macht dich so vermessen
Zu pochen auff den Thron / den du nicht hast besessen!
Lehrt dich der Vater nicht wie schwach der Zepter sey /
Auff den er sich gestützt! Ha! blinde Phantasey!
Ha! schlechtes Printzen-Recht! komm an verjagter König!
Kom! steh dem Vater bey! kom! Wo dein Hoff zu wenig
Treib Pfaltz und Nassau mit / komm' an mit Batos Heer!
Ja bringe (wo du kanst) auch König' ins Gewehr!
Doch muß dein Carol fort. Vnd du vertriben trauren.
Die junge Natter kan kaum in der Hölen lauren /
Die Lufft ist noch zu rauh: Doch pfeifft sie schon hervor.
Vnd steckt den schlauen Kopff und scharffe Zähn empor.
Nein Printz. Verjagter Printz! du wirst mich so nicht schrecken!
Eh' wil ich dise Leich auff gleichem Sand' außstrecken
Eh soll mein eigen Stahl mir durch die Brüste gehn:
Eh Brittens Insel dir soll zu Gebotte stehn!
Komm! wage dich ins Reich! was könt ich bessers hoffen!
Komm' Plimuth läst dich ein! die weitte Tems ist offen.
Es gilt dem Vater heut und übermorgen dir?
Der Sterbende begehrt den Lebenden von mir.

PETER.

Der vilmal hundert Jahr sich liß durch einen zwingen;
Verändert nicht so leicht. Ob Carols Kopff wird springen;
Siht Schott / und Albion und Irr doch nach dem Thron.
Vnd wündscht auff Stuards Stul den König oder Sohn
Gesetzt auch! daß wir itzt das Volck mit Eisen schrecken /
Wird doch diß Traurspil vil / bey vilen Leids erwecken.
Die Thränen-Bach / die nicht frey von den Wangen rint /
Die ists / die einen Gang durchs schmachtend' Hertz gewint /
Vnd in die Seel ausreist.

FAIRFAX.

Was Rath das Volck zu dempffen?

60

PETER.

Ein grösser Schmertzen muß den mindern überkämpffen.
Mitleiden wird alsbald durch strenge Furcht verjagt.
Man greiffe nach dem Kopff / der Stuards Kopff beklagt.
So / weil ein jeder muß ob eigner Noth erzittern /
Wird nicht ein frembder Fall die Seelen gros erschittern.
Gesetzt auch das der Geist des Königs in sie führ /
Das ein gesammelt Volck zur Rache sich verschwür:
Nimm nur die Haubter ab / die andre leiten können.
Gib ihr Vermögen preis. Ihr werdet vil gewinnen
Durch eines grossen Hab' in dem der Pövel theilt
Kommt dir die Macht anheim. Wird einer übereilt
Durch was zu strenges Recht / und fällt im Mordgetümmel:
Beklag ihn! doch gib vor: Der nur gerechte Himmel
Hab ein verborgen Stück / durch unverhoffte Macht /
Vnd wolverdinte Rach an helles Licht gebracht /
Noch eins. Man schone nicht. Wer strauchelt: den stoß nider.
Wer frevelt: der vergeh. Nichts ist das mehr zu wider
Durch sich erworbner Macht / als laues Linde seyn.
Dem / welchem man verzih / kommt ehr sein Fehlen ein
Als daß er durch dich frey. Wer wil dir schuldig bleiben
Gut / Ehre / Stand und Leib. Geld pflegt man zu verschreiben /
Vnd forderts wider ein. Das Leben ist zu vil
Drumb setzt es nicht umbsonst auff ungewisses Spil.
Da auch des Adels[52] Macht den Vorsatz sucht zu hindern
Doch / warumb schwätz ich hir / man kan ihr Trotzen mindern
Auch sonder meinen Rath.

FAIRFAX.

Entdecke dein Gemüt!

PETER.

Ich mißbrauch ohne Noth des Haubtmans Zeit und Güt.

52  »V. 317. Hugo wird beschuldiget daß er gesaget /eher würde Engelland
     nicht Ruhe haben / es wären dann 150. oder LLL. abgethan / nemlich
     Lords, Levits, Lawyers, daß ist die Herren / die Geistlichen /die Rechtsge-
     lehrten. Besihe die Klage-puncte. §. 5. Verschmähete Majestät in dem III.
     Buche auff der 417. Seiten.«

FAIRFAX.

Mit nichten. Fahre fort!

HUGO PETER.

Da man mich ja wil hören;
Dafern ich Weisere denn mein Verstand sol lehren:
So setz ich / daß nichts mehr den Adel groß gemacht /
Als erstgeborner Recht. Wenn dises weg gebracht
So steht er / als entwehrt. Man lasse gleich auffheben /
Die gleich / auff gleiche Zeit / von gleichen Eltern leben.
Scheins mehr denn nur zu vil. Mein Bruder geht mir vor /
Warumb? umb daß ich nicht vor ihm den Tag erkor /
Soll ich / umb daß der Mond ihn neunmal ehr beschinen:
Entgüttert von ihm gehn / und als Leibeigen dinen?
Da der geschwinde Geist mir offt vil besser steht /
Als sein vernebelt Kopff / den ihm der Wahn erhöht /
Vnd Dünckel ausgefüllt. Wer wird den Schluß nicht loben?
Gleich Bruder gleiches Erb. Die ersten mögen toben
Steht ihr den andern bey. Wer fordert nicht was ein?
Wer wil in eigner Sach' ihm selbst im Wege seyn?
Noch mehr! sie werden euch durch dises Stück verbunden /
Durch welche sie ihr Erb und Vatertheil gefunden /
Durch welche sie beschützt. Wenn nun ihr Stamm sich mehrt
Zersplittert sich ihr Gutt. Vnd was man vor geehrt
Verfällt in leichten Staub. Denn wird die Pracht zutretten /
Die von dem Pövel sich auff Himmlisch anliß betten /
Denn herrscht wer Waffen führt. Denn wird gantz Britten rein
Von Adel / Graff und Printz / trotz Catt und Rheten seyn.            62

CROMWELL.

Gar recht!

PETER.

Noch etwas mehr ist hir in acht zu nehmen;
Sie sehn der Herren Haus wird übel sich bequemen.
Kaum einer schleust mit uns auffrichtig Carols tod.
Drum eh'stes abgesetzt! Wer die gemeine Noht
Nicht Väterlich behertzt! wer sich vor die wil wagen
Die wir zu aller Heil durch unser Schwerdt geschlagen;
Wer den Tyrannen noch gekrönt anbetten will /
(Der nach so langem Krig aus seinem Thron verfill;)

Wird (glaubt es) nichts dem Volck / dem Heer nichts tauglichs
    rahten.
So lang als diser Wald das Land wird überschatten;
Getröste die Gemein sich ein'ger Sonnen nicht.

FAIRFAX.

Wie aber wenn uns Recht und Prister widerspricht?
Du sihst / sie scheuen nichts / wie hefftig wir auch schrecken
Mit Kercker / Band und Noth / ihr Murren zu entdecken.

PETER.

Der Feldherr glaub es fest / es wird nicht besser stehn;
Biß rechtsgelehrter Nam und Stand wird untergehn.
Wir haben Krafft des Sigs / Macht Satzungen zu stifften;
Drumb weg mit dem was stets fußt auff verfaulte Schrifften!
Der Kirchen-macht ist todt / wer auff die Inful hält;
Muckt / fleucht / und ist vorlängst auff Laudts sein Grab gefällt.
Was übrig zwey't sich selbst. Die Eltesten[53] begönten
Sie schafften Hülff und Geld / und was wir wündschen könten /
Sie lockten Heer und Volck aus Calidon ins Land /
Vnd drungen Stab und Schwerdt dem König aus der Hand;
Itzt schmertzt sie daß die Schar die nicht auff Häubter sihet /
Vnd nur sich selber führt; mit diser That bemühet /
Vnd letzten Außschlag gibt. Drumb raast sie sonder Sinn
Vnd bleibt doch eben schön'. Erweget den Beginn
Nicht nur des Traurspils End / und sagt wer mehr gewaget.
Nach schon beschehner That wird nur zu spät geklaget.
Doch gut für uns das sich die Schar itzt trenn' und beiß /
Vnd jenem der diß Stück / und jener dem verweiß.

CROMWELL.

Man muß die Schrifftling' itzt hart an einander hetzen;
So schwächt ihr Sturm sich selbst ohn unser Widersetzen.
Ich schaff ohn Auffschub an daß man noch heut außschrey;

53    V. 365. Die Eltesten oder Presbyteri. Von deren Vrsprung und Ankunfft
in Engelland Cambdenus ausführlich schreibet in dem IV. Theil der Geschichte Elisabeth bey dem 1591. Jahre / und schleust selbige denckwür-
dige Erzehlung mit disen weitaussehenden Worten: »Regina haud ignara
suam authoritatem per Episcoporum latera in hoc negotio peti; adversan-
tium impetus tacitè infregit & Ecclesiasticam jurisdictionem illaesam
conservavit, auff der 584. Seiten.«

Das Stuards Sohn entsetzt von Cron und Außspruch sey.

FAIRFAX.

Vnd du? wo eilst du hin.

PETER.

Gleich nach dem Traur-Gerüste.[54]

*Fairfax.*

Geh aller Schelmen Schelm' / ergetze deine Lüste
Mit umbgesprützten Blutt! zudrümer dises Reich
Vnd mach es wie du suchst den wilden Inseln gleich!
Scheinheilger Bub'. Ich beb' / ich starr' / ich schau mit schrecken:
Wie sich die Boßheit könn' ins Kirchen-kleid verstecken /
Was vor ein Feuer sie im heilgen Schein auffblaß /
Wie übergrimmig sie in solchem Schmucke raaß.
Der / den neu Albion zu lehren außgesendet:
Hat sein vertrautes Ambt ohn Scheu und Scham geschändet.
Er liß die Kantzel stehn / kam zu uns über Meer;
Vnd bracht auff Stuards Haubt die grimsten Anschläg' her.
Er der des Herren Wort und Friden solt' ankünden;
Eilt mit den Rotten sich boßhafftig zu verbinden /
Hetzt auff der Cantzel selbst das Volck zum Blutt-bad an /
Schnaubt Eisen / Büchs und Mord. Ja der verruchte Man
Ergriff Helm / Degen / Stab / und rännte (trotz Gewissen!
Trotz Ambt! Beruff und Stand!) zu freveln Bluttvergissen.
Er liß mit Cromwel sich in engre Bündnüß ein /
Schlug Carols Bande vor / verhetzte die Gemein
Des Heers / Ihn vor Gericht in höchster Schmach zu stellen /
Kiest selbst die Blutt-Räth' aus / sucht alle zu vergällen /
Auff was nicht mit ihm tobt'. Vnd rühmt noch Licht und Geist!
In dem er Recht und Stand als überhauffen schmeist.
Diß nennt man geistlich frey / diß heist auff nimand sehen /
Vnd keines Anhang seyn / nicht irr'gen Menschen Flehen /
Außbannen Strick und Zwang der die Gewissen drückt /
Zureissen was die Seel in Dinstbarkeit verstrickt.

64

---

54  V. 381. »Hugo Peter ward beschuldiget / daß er denselbigen Morgen /
     da man dem König enthaubtet auff dem Mord-gerüste gewesen / und vil
     Dinge bestellet«. Verschmähete Majestät III. Buch auff der 417. Seiten.

Ich weiß man sucht das Band der Scharen schon zu trennen;
Man sucht (ich spür es wol) mich heimlich anzurennen /
Man gibt auff meine Wort / ja Tritt und Vmbgang acht /
Vnd zeucht den treuen Dinst leichtfertig in Verdacht.
Dem Degen hab ichs nur und meiner Faust zu dancken;
Daß ich mich noch nicht schau auff disem Gläteiß wancken /
Da mancher sich erhöht durch meinen Fall wil sehn.
Doch / was kan unverhofft nicht / in dem nun geschehn!
Gott! ewig-grosser Gott! wie find ich mich bestritten!
Mein Geist erschrickt mir graut vor dem erhizten Wütten!
Ich fil der Mordschar nicht mit meiner Stimmen bey;
Bin von der Vnterschrifft des rauhen Macht-Brifs frey /
Erklärte mich / daß mir nicht Stuards Tod belibte /
Der weiß / der alles weiß / wie mich der Schluß betrübte!
Ich war / und wär' / ach! stünd es nur in meiner Macht;
Sein Haubt von Stock und Beil zu retten noch bedacht;
Vnd doch wird mir / was mir zu wider / hir betriben
Ja diser Mord-schlag selbst von meisten zugeschriben.
Wer nah diß Vnheil siht / wer fern diß Traurspil hört;
Glaubt daß ich selbst mein Ehr auffs gifftigste versehrt /
Vnd legt mir dises zu was ich doch höchst verfluche.
Wer gibt mir was ich mit beklemter Seelen suche?
Daß ich mich dermaleinst vor allen frey erklär,
Damit nicht frembde Schuld mein stilles Grab beschwer.
Brich an gewündschtes Licht / in dem erlaubt zu sagen;
Wer Kolen zu der Glutt / wer Wasser zugetragen!
Wie denck ich doch so fern bey der so nahen Qual?
Wie halt ich dir mein Wort bestürtztes Eh-Gemahl?
Ach! mit was Anblick / mit was Thränen auff den Wangen;
Wirst du Betrübte / mich Bekümmerten / empfangen!
Mich / der sein inners Leid und schärffsten Vberdruß
Mit Freuden-vollem Aug' / O Schmertz! verdecken muß.
Muß? muß ich länger denn zu schlimsten Bübereyen /
Ich? Namen / Ehr' und Faust als ein Leibeigner leihen?
Nein warlich! bricht man heut des Königs Thron und Stab;
So schmeiß' ich aus der Faust den Krigs-Stock bey sein Grab.

*Hoffe-Meister des Pfaltz-Graff-Chur-Fürstens.*
*Der Gesandte aus Holland.*

HOFFE-MEISTER.

So ists. Der herbe Grimm der ungeheuren Britten /
Hat disen Schluß gefast auffs Königs Hals zu wütten.
Hir gilt kein bitten mehr. Auch ists ein leerer Fleiß
Zu reden mit Vernunfft wo man nichts von ihr weiß.

GESANDTE.

Hab ich durch rauhe Lufft / durch Tritons stoltze Wellen /
Durch halb zustücktes Eyß / durch Sturm / das Bild der Hellen /
In dem der strenge Frost das Ruder uns versagt /
Mich in ein wilder Land als seine See gewagt:
Daß nach vergebner Müh ich mit bestürtzten Sinnen /
Schaw’ als beschickter Zeug ein unerhört Beginnen!
Ein mehr denn blutig Spil! und in der That erfahr
Wie wenig Bato sich / durch die so harte Jahr
Von Britten trew bewehrt / auff Britten zu verlassen?          66
Auff Britten / das verstockt diß Vrtheil liß verfassen!
Vnd voll von Trotz außführt / und Leich auff Leichen häufft /
Ja blind aus tiffer Ruh’ in tiff Verderben läufft.

HOFFE-MEISTER.

Mein Herr / wir müssen nicht nur dises Licht verfluchen!
Wenn wir des Königs Jahr und raue Zeit durchsuchen /
Wird man von Tag zu Tag die Ketten-Glider sehn
In die der Fürst verstrickt. Es war umb ihn geschehn /
Nicht nur als Calidon Ihn treuloß übergeben /
Nicht nur als er in Hafft das Sorgen-volle Leben
Entfernt von Diner / Rath und Freund’ in Ach verzehrt /
Nein! seine Macht verfil / als man das heilge Schwerdt
Das Gott den Printzen gibt / ihm aus der Faust gedrungen /
Als sein bestürmt Palast stets mit Tumult besprungen /
Als leichter Buben Schaum gleich einer Flut auffliff /
Vnd frech / ich weiß nicht was durch alle Fenster riff /
Als man von seiner Seit die alle hingerissen /
Die sich mit ernster Treu zu seinem Dinst beflissen /
Als er von Wentwort nicht den ungeheuren Schlag /
Zu wenden mächtig war / als der bestürtzte Tag

Ihn von hir weichen sah' / als man in Kirch und Chören
Liß wider seine Cron und Gott's Gesalbten lehren /
Als Ihn verleumbden selbst zu einem Ketzer macht /
Vnd durch der Cantzel Glantz das Volck in Eisen bracht!
Als Hotham[55] ihm sein Hull verwidert zu entschlissen.
Als man auff Edgehill gewaffnet ihn liß grüssen
Als Jorck und Bristoll weg / Glocester überging
Montroos' entweichen must / als man den Poyer fing /
Da fil sein Zepter hin. Itzt lifert er die Leichen
Auff Brittens Schau-gerüst / zu einem Greuel-Zeichen
Zu einem Wunderbild / zum Vorspil diser Noth
Die über Britten wacht. Vor war der König tod
Itzt stirbt sein Königreich. Last uns den Tag begehen

55 V. 481. »Zu Hulle hatte der König ein Zeug-Hauß von allerhand Munition
/ solche in den letzt-erhobenen Krige wider die Schotten zugebrauchen
/ verfertigen / aber nach Auffhebunge des gemelten Krigs diselbige allda
bewahren / lassen. Diser Stadt nun gedachte er sich zu versichern / und
seine Waffen und Ammunition zu Beschützunge seiner eigenen Person
sich zu bedinen; als er aber vor die Thüren der Stadt kame / ward ihme
von Sir John Hotham / welcher auff Verordnunge des gemeinen Parlaments selbigen Ort in Verwahrung genommen / der Einzug verwegert.
Bericht von König Carls Leben und Tode auff der 66. Seiten. Hotham fil
auff Ersuchen des Königs ihn und seine zwey Söhne einzulassen weigerlich
/ und hilt also Hull vor seine Majestät gegen den König / welches keine
Zeiten als die es selbst gesehen / glauben sollen / in Bewahrung. Gleichwol
/ als er sie eine gutte Weile vor dem Thore in heßlichem Regen-Wetter
verzappeln lassen / begünstigte er noch endlich die zwey Königliche
Söhne / als Kinder / daß sie die Stadt zu besehen / hinein kommen
möchten.« Verschmähete Majestät auff der 30. Seiten des ersten Buchs.
Artig genug/ wenn es ein Narren-Spill gewesen / oder man des Plautus
zweyfachen Amphitruo nachähmen wollen. Der König schreibet hirvon
in Icone. »Cum ex Hulla excluderer; visum est prima facie, tam insolens
facinus & aperta obseqvii detrectatio, ut ipsi mei inimici vix auderent
tanqvam suum agnoscere c. 8.« Welche Betrachtung / wie auch das
gantze Buch mehr denn würdig / daß es wol gelesen /und recht erwogen
werde. Massen der König disen seinen ersten offentlichen Feind / als er
nachmahls neben seinen Sohne von eben disen / denen er hirinnen gedinet
/ wegen eines Argwohns offentlich zu Londen hingerichtet / selbst bekla-
get.

Mit seufftzendem Gewein. Es müssen Grampens Höhen[56]
Erschallen von Geheul. Auff heut / legt Engelland
An sich die mit dem Beil / (Ach! Ach!) bewehrte Hand.
GESANDTE.
Man siht daß die numehr / die Freyheit vor gesuchet /
Verscheucht / verstreut / versteckt / gekerckert / und verfluchet.
Was ist der Herren Hauß itzt als ein leerer Nam.
Wer in des Pövels Mund durch Schrifft und Reden kam;
Sitzt nun mit Eisen fest. Man muß den Cromwell ehren /
Vnd Fairfax wolt uns vor eh' als die Landständ hören.
HOFFE-MEISTER.
So stillt der Drommel-klang die rasende Gemein.
Wer Könige verdammt / wil mehr denn König seyn.
GESANDTE.
Er liß nach langer Müh und ungeschwechtem Flehen /
Vns endlich gestern spät der Häuser Schatten sehen.
Was brachten wir nicht vor das zu bedencken stund?
Die Sache legt uns selbst Bewegungs-Gründ' in Mund!
Man hört uns: nur zum Schein. Wir haben nichts erhalten!
Als: daß der Länder Heil den König hiß erkalten /
Daß man das hohe Stück schon lange Zeit bedacht /
Daß sie der Sachen Noth auff disen Schluß gebracht.
HOFFE-MEISTER.
Was hat Chur-Pfaltz versucht? was hat er nicht gewaget!
Eh man den König noch vor allem Volck verklaget!
Was unterliß mein Fürst als man den Stab zubrach /
Vnd auff des Königs Hals die frechen Wort außsprach?
O umbgekehrtes Glück! der uns zu schützen dachte
Ist Schutzlos und vergeht. Der uns noch Hoffnung machte;
Hofft nichts mehr als den Tod. Der Bäyern hat erschreckt /
Der in dem grossen Wien vil Argwohn hat erweckt
Auff den der Iber laurt / auff den der Rhein getrauet /
Nach welchem Deutschland sah' / ob dem den Feinden grauet;
Fällt heut vor seiner Burg durch eines Henckers Schlag!
O Tag! den / was nur ist und wird / anspeyen mag!

68

---

56  V. 490. Mons Grampius ist das Gebirge so in Schottland die Caledonischen
    Wälder theilet. Besihe Cambd. und andere Geographos.

O die ihr zu dem Brand verdeckt habt Oel getragen;
Denckt ob Printz Stuards Hals ein Richt-beil könn' abschlagen?
Ob nicht sein Vntergang des euren Vorspil sey:
Ob ihr / wenn diser fällt von Sturm und gleiten frey?
Was red ich! und zu wehm! kom Jacobs Geist und schütter
Des Cörpers Aschen ab. Kom Jacobs Geist und zitter!
Wie handelt man dein Blut! kom Jacobs Geist hervor /
Vnd schrey wo du noch kanst in der gekrönten Ohr /
Vnd heische rechte Rach. Europens Götter höret
Printz Stuards Seufftzer an! lernt Götter! lernt und lehret
Wie leicht der Thron versinck; Europens Götter kennt /
Kennt euch und eure Pflicht. Der grosse Nachbar brennt!
Gekrönte denckt was nach. Das Blut das hir wird flissen /
Das Blut mit welchem Carl sein Leichtuch wird begissen;
Ist eur / und euch verwandt! Gekrönte! könnt ihr ruhn?
Carl schreibt mit seinem Blut was euch hirbey zu thun!

GESANDTE.

Mich dunckt ich sehe schon den Pont von Schiffen schwanger /
Den weitten Port besetzt / der Britten fruchtbar Anger:
Mit Lägern überdeckt. Die Städt': in lichtem Brand.
Die Jungfern in dem Kott. Die Mannschafft: auff dem Sand.
Die enge See: voll Raub. Die Landschafft: außgezehret.
Die Kirchen: in dem Grauß. Die Dörffer: gantz verheret
Den Nachbar: mit im Spil. Mich dünckt ich seh die Glutt
Die Catten überfil / als die entfärbte Flutt
Des Ibers Grausamkeit mit ihrem Schleim bedeckte /
Vnd meiner Väter Blutt von beyden Vfern leckte.
Ich sehe Feind und Feind / und hir: die Vortheil schlecht /
Ja eben so vil Glück / als ihre Sache recht.

*Zwey Engelländische Graffen.*

I. GRAF.

Herr! der du ausser Zeit / vom Thron der Ewikeiten
Vns Menschen unser Zil nicht lässest überschreiten;
Warumb hat sich mein Maß biß auff den Tag erstreckt?
Warumb hat man nicht längst den greisen Kopff bedeckt
Mit noch von Burger-Blut nicht gantz beflecktem Sande?
Warumb verging ich nicht in meinem Vater-Lande?

Das in den Zügen ligt / und zagt in grimmer Pein.
Muß denn das Leben mir an stat der Straffe seyn?
In dem man hir auff uns die glantzen Schwerdter wetzet /
Dort das geschreckte Volck mit Mördern starck besetzet /
Hir Brittens letztes Glück mit Stuards Kopff abschmeist /
Dort Graff und Richter selbst in grause Kercker weist.
Was hätte Britten mehr vor Leids erwarten können /
Wenn (da die Jugend mir wolt erste Kräffte gönnen)
Die unter-irrd'sche Glutt den tollen Pulverschlag
Befördert in die Lufft / und den bestürtzten Tag
In eine grause Nacht / und Ebenbild der Hellen
Vnd der gejagten Thems / mit Grauß vermischte Wellen /
In grauen Schlam verkehrt. Dort wer auff einem Streich
Das Wetter überhin: Itzt zagt die müde Leich
In langer Todes-Angst.

II. GRAF.

Die Last der vilen Jahre
Bringt über den Verdruß und Schnee der grauen Haare
Den starcken Eckel mit / daß keinem nichts gefält
Als was im schwange ging / da ihn die süsse Welt
In erster Blüt anlacht. Als wenn nicht jede Zeiten /
Verknüpfft mit Lust und Angst. Gekrönt mit Ruh und Streiten.
Gesetzt auch / daß die Welt offt in dem Wechsel geh'
Was mag gewündschter seyn / als wie von einer Höh'
Das Spil der Himmel schaun / und da wir auch was leiden:
Was ists das man verleurt / als was ohn diß muß scheiden?

I. GRAF.

Der Dinge Wechsel sehn mit unverzagtem Mut;
Selbst in dem Spile seyn / und (da es Noth) sein Blut
Auffopffern für Altar / für Stat / für Hauß für Lehre /
Kan nicht als herrlich seyn. Ja schmeckt nach höchster Ehre /
Diß aber was wir thun; das wir mit toller Hand /
Mutwillig Kirch und Thron einsetzen in den Brand /
Einäschern Stat / und Stadt / daß wir aus heisser Aschen
Auffblasen neue Glut / und Blut mit Blut abwaschen /
Diß / red' ich / ist zu hoch! man rühmt an keinem Ort /
Den / der sein eigen Schiff selbst in den Grund gebort.

II. GRAF.

Man heilt zuweilen nicht als nur durch Brand und Eisen.

I. GRAF.

Heist diß das Reich geheilt / wenn nun kein Reich zu weisen?

II. GRAF.

Besteht das Reich denn nur in eines Fürsten Macht?

I. GRAF.

In Fürst und Vnterthan / und der mit Fürsten wacht.

II. GRAF.

Wem hat man dise Wach' in Britten je befohlen?

I. GRAF.

Wem ist das Parlament in Albion verholen?

II. GRAF.

Diß / wenn der König hin / setzt andre König' ein.

I. GRAF.

Wer greifft den König an? wer kräncket die Gemein?

II. GRAF.

Hat ein und ander Hauß nicht Stuards Tod beschlossen?

I. GRAF.

Hat ein und ander Hauß der Freyheit itzt genossen?

II. GRAF.

Zeucht man der Häuser Recht bey jemand in Verdacht?

I. GRAF.

Ist ein und ander Hauß nicht längst zu nicht gemacht?

II. GRAF.

Durch wen? der sich bemüht die Freyheit uns zu geben!

I. GRAF.

Als ein und ander Hauß liß Sitz und Recht auffheben?

II. GRAF.

Wer zwang das Parlament daß es sich selbst verliff?

I. GRAF.

Wer war es / der itzt ein itzt ander Glid angriff?

II. GRAF.

Aus Noth / umb viler Wahn / und harten Sinn zu schrecken!

I. GRAF.

Ist unserm Heer vergönt in Fessel uns zu stecken?

II. GRAF.

Warumb nam man das Heer was besser nicht in acht?

I. GRAF.

Warumb hat nicht das Heer den theuren Eyd bedacht?

II. GRAF.

Es geht so gleich nicht ab wenn man den Statt wil ändern!

I. GRAF.

Es geht so gleich nicht zu / wenn Vfer sich versändern!

II. GRAF.

Was hir der Strom wegnimmt das führt er dort herzu.

I. GRAF.

Er führt den Friden hin! was bringt er uns für Ruh?

II. GRAF.

Man kan durch kleinen Zanck die lange Ruh verbessern!

I. GRAF.

Verbösern / sprich recht aus. Es laufft aus andren Fässern.

II. GRAF.

Den Anfang siht man klar. Ist nicht der Gotts-Dinst frey?

I. GRAF.

O Jammer! sah man mehr in Britten Ketzerey?[57]

II. GRAF.

Der Cantelberger fil. Die Infeln sind verstoben.

I. GRAF.

Vnd alle Kirchen-Zucht mit ihnen auffgehoben!

II. GRAF.

Man setzt an ihren Ort Vorsteher treulich ein!

I. GRAF.

Wo sind sie? hört sie wol die wüttende Gemein?

II. GRAF.

Man sol den Vorschlag nicht aus seinem Ausgang richten.

57  »V. 616. Qvoniam Parlamentum abrogata Hierarchia Episcopali non statim novam Ecclesiae gubernationem constituit; (qvod propter Civile bellum & varias Senatorum Sententias fieri non potuit) hinc libertas cuilibet conscientiae relicta / qvae mox in licentiam & sectas qvam plurimas degeneravit. Nam velut aggeribus ruptis universam Angliam diversae Religionum opiniones inundarant: ac qvot fere capita, tot sententiae erant, qvisqve sibi in fide & Religione Dux & Autor. Ita factum, ut plurimi vana commenta sua pro fidei Articulis publicarent, ac tum demum sanctissimos se arbitrarentur, ubi qvam longissime ab omni Ecclesiastico ordine recessissent.« Stat. Eccles. in Ang. Wallia, Scotia. Hibern. §. 8.

I. GRAF.

Beherscht man sonder Zucht das grosse Volck? mit nichten.

II. GRAF.

War nicht des Bischoffs Hut mit viler Schuld beschwärtzt?

I. GRAF.

Im fall ein Richter feilt / wird stracks das Ampt geschertzt?

II. GRAF.

Die Infel war bedacht die Ketzerey zu grüssen.

I. GRAF.

Wenn ist mehr Ketzerey / als nach ihr / eingerissen?
Sie streicht durchs grosse Land als mit enthüllter Fahn!
Mit kurtzem! was wir thun / dint leider nicht gethan.
Man hat mit Wentworts Kopff die Hencker lassen spilen:
Was lid Jerne nicht? was musten wir nicht fühlen /
Als man den Printzen selbst von seiner Burg verjagt?
Wir suchten frey zu seyn / als uns ein Knecht vertagt.
Wir wolten länger nicht die güldnen Zepter grüssen:
Itzt werden groß und klein / mit scharffen Stahl zuschmissen.
Vns fil die leichte Last der Steuren vor zu schwer /
Itzt schätzt uns für und für ein unersättig Heer.
Es wolt unleidlich seyn dem Fürsten was zu geben:
Itzt reist man alles weg / die Mittel selbst zu leben.
Man stiß die Bischoff' aus: itzt folgt der Adel nach.
Der über Straffords Hals das bluttig' Vrtheil sprach /
Der den gekränckten Laud halff auff den Mord-Platz führen;
Fühlt nun wie süß es sey die Freyheit zu verliren /
Zu küssen Block und Beil. Itzt geht der König hin!
Mit ihm stirbt unser Glück. Bedencke den Gewin
Wenn uns nach seinem Fall wird tödten und verbannen /
An eines Printzen statt / ein gantzes Heer Tyrannen.
Wie? oder meint man wol das Beil werd' allhir stehn?
Vnd nicht durch Carols Hals in unsre Nacken gehn.
Wer ihm zu Dinst verpflicht / wer hurtig mit dem Eisen
Wer zwey / drey Ahnen mehr als Cromwell auff kan weisen /
Den nicht der Bürgerkrig an Bettelstab gebracht;
Der noch nicht borgen geht: der dencke: gutte Nacht
Der Richt-Platz ist für mich. Was werden wir nicht fühlen
Wenn sich die Königs-Rach in unserm Blut wird kühlen?

Wenn ein benachbart Heer! halt an betrübter Geist /
Vnd friß dein Leid in dich! verdrücke was dich beist!
Ein Schmertz / der mächtig Hertz und Leben abzubrechen
Vnd Marck und Seel auffzehrt / ist doch nicht auszusprechen!
Auch greifft nichts härter an / kein Eisen ritzt so scharff:
Als wenn man reden wil / und doch nicht reden darff.

II. GRAF.

Der Außgang wird die Furcht und Meinung widerlegen.
Die Sache spricht für uns / wir gehn auff rechten Wegen.

I. GRAF.

O wolte! wolte Gott! ich zweiffel! er verley!
Daß dises nicht der Weg zu beyder Richt-Klotz sey.

*Cromwell. Der Gesandte aus Schottland.*

GESANDTE.

Ich frage / mit was Recht kan man die Bitt ausschlagen?

CROMWELL.

Eur eigne Wolfahrt zwingt uns dises zu versagen.

GESANDTE.

Wie? Wolfahrt? wenn ihr uns in unserm Haubt verhönt!

CROMWELL.

Der Richter Schärfe wird durchs heil'ge Recht versöhnt.

GESANDTE.

Wer gibt euch dise Macht der Schotten Haubt zu richten?

CROMWELL.

Man muß der Britten Zanck durch Themis Richt-Axt schlichten.

GESANDTE.

Schlagt ihr den hohen Eyd so schändlich aus der acht?

CROMWELL.

Weil Stuard selbst nicht hat was er uns schwur bedacht.

GESANDTE.

Was schwur er daß er nicht mit höchstem Fleiß vollzogen.

CROMWELL.

Als seine Leib-Standart ist wider uns geflogen?

GESANDTE.

Wie offt hat Cromwell[58] sich vor Carols Heil erklärt!

CROMWELL.

Waar ists / daß ich von Gott es inniglich begehrt.

GESANDTE.

74 Wie daß er dann sein Wort / ja sein Gebet gebrochen?

CROMWELL.

Weil Gottes Geist in mir dem Betten widersprochen.

GESANDTE.

Gab Schotten euch sein Haubt zu diser herben Schmach?

CROMWELL.

Sprecht warumb dachte da nicht Schotten besser nach!

GESANDTE.

Ihr habt zur übergab uns durch den Eyd bewogen.

CROMWELL.

Man hält dem keinen Eyd der uns dadurch betrogen.

GESANDTE.

Wie? greifft man Schotten noch mit disem Vorruck an?

CROMWELL.

Wenn Schotten uns / wie nechst / mit Krig angreiffen kan.

GESANDTE.

Wir fochten (wie es recht) vor unsers Königs Leben.

CROMWELL.

Vnd der gerechte Gott / hat uns den Sig gegeben.

GESANDTE.

Pocht Britten nicht zu vil / der Tag ist noch nicht hin!

CROMWELL.

Wir haben unter des den Morgen zum Gewin.

GESANDTE.

Wer gar zu zeitlich lacht muß offt vor Abends weinen.

CROMWELL.

Ein Beyspil wird noch heut an Stuards Kopf erscheinen.

58  V. 675. Es erzehlen unterschidene / das Cromwel /wenn er befragt worden
    / ob er sich nicht erinnerte daß er so offt versprochen den König weder
    an seinem Leibe / Stande noch Cron anzugreiffen / geantwortet; daß dises
    alles wahr. Ja er trüge selbst GOTT des Königes Heil und Leben in seinem
    Gebete vor /befinde aber durchauß das der innere Geist in Ihm durch
    Göttliche Krafft darwider stritte.

GESANDTE.

Wol! spigelt euch an dem der so verfallen kan.

CROMWELL.

Wir thuns! drumb sehen wir / was Gott und Recht wil / an.

GESANDTE.

O Recht! verkehrtes Recht! wer hat hie recht gesprochen?

CROMWELL.

Gantz Britten hat den Stab auff Stuards Hals gebrochen.

GESANDTE.

Gantz Britten? sagt zwey / drey / die diser Tod ergetzt!

CROMWELL.

Hat nicht das Parlament die Richter selbst gesetzt?

GESANDTE.

Das Parlament? wo ists? in welches Kerckers Hölen?

CROMWELL.

Man kärckert niemand ein / als dinstbegir'ge Seelen.

GESANDTE.

Wer richtet? der nicht vor gewaffnet bey euch stundt.

CROMWELL.

Vnd der / dem Landes Bräuch' und Grundgesetze kundt.

GESANDTE.

Dem es an Macht und Mut gebrach sich zu erklären!

CROMWELL.

Wer wil sein eigen Hertz mit frembder Schuld beschweren!

GESANDTE.

Der aus des frembden Fall Nutz oder Vortheil sucht.

CROMWELL.

Des Fürsten Tod verspricht uns noch geringe Frucht.

GESANDTE.

Was zwingt euch denn sein Blut so schmählich zu vergissen?

CROMWELL.

Weil dreymal funfftzig Mann einstimmig es beschlissen.

GESANDTE.

Zwey drittheil[59] gingen fast in zwey / drey Tagen ein.

59   V. 707. Zwey Drittel / von der grossen Menge der Richter / welche fast
     über Hundert und Funfftzig sich erstrecket / sind bey der virdten Verhöre
     nur Siben und sechszig erschinen. Der Befehl die Außführung des Vrtheils
     betreffend ist unterzeichnet von acht und funfftzig Handschrifften.

CROMWELL.

Vnd dennoch war die Zahl der Richter nicht zu klein.

GESANDTE.

Ihr habt mit Zwang und Macht die meisten kaum erhalten.

CROMWELL.

Wir haben tausend noch die dises Recht verwalten.

GESANDTE.

Kaum einer fällt euch bey / der ausser eurer Macht.

CROMWELL.

Ein dunckel Aug' hat nie der Sachen Wehrt betracht.

GESANDTE.

Waar ists. Ich kan der Straff Vrsachen nicht ergründen.

CROMWELL.

Wiss't ihr des Römschen Briffs Geheimnüß nicht zu finden?

GESANDTE.

Wie daß ihr den gekrönt der solche Briffe schrib?

CROMWELL.

Weil das verblümmte Stück vil Jahr verdunckelt blib!

GESANDTE.

Vil Jahr verdunckelt blib? wer hat es nun entdecket?

CROMWELL.

Die Zeit welch' aus der Grufft was dunckel aufferwecket.

GESANDTE.

Recht so! so büsst er auch was Buckingham verbrach!

CROMWELL.

Gab er dem Cantelberg nicht alle Boßheit nach?

GESANDTE.

Hat Cantelberg nicht selbst / für seine Schuld gelitten?

CROMWELL.

Hat Carl sein eigen Land blutdürstig nicht bestritten?

GESANDTE.

Ja! als es alle Schuld und Pflicht ihm auffgesagt!

CROMWELL.

Wer hat Jerne wol zum Auffruhr ausgetagt?

GESANDTE.

Wer hat Jernes Zaum durch Straffords Beil zuschnitten?

CROMWELL.

Liß Carl sein Krigs-Volck nicht durch alle Gräntzen wütten?

GESANDTE.

Hat eur entblöstes Schwerdt denn nirgends was versehn?

CROMWELL.

Er zog die Schwerdter aus! es ist durch ihn geschehn!

GESANDTE.

Wie daß man dann zu Wicht mit ihm begehrt zu schlissen?

CROMWELL.

Weit besser / daß der Schluß zu Wicht[60] wird abgerissen.

GESANDTE.

Da er auff Statsrath Wortt und Vollmacht sich einliß!

CROMWELL.

Da unsern Sig und Schweiß der Statsrath niderriß.

GESANDTE.

Da aller Zwang und Zwist fast auff ein Ende kommen.

CROMWELL.

Vnd man die Frucht des Sigs uns aus der Faust genommen.

GESANDTE.

Was gibt man nicht gar offt umb Fridens willen nach?

CROMWELL.

So schätzt ihr unser Blut[61] gleich einer Wasserbach?

GESANDTE.

Wann man umb Friden dingt muß jder was verschmertzen.

CROMWELL.

Der Vberwinder muß sein Vortheil nicht verschertzen.

GESANDTE.

Der König gab fast mehr als zu begehren nach.

---

60  V. 730. Die beyden Häuser hatten zu Wicht fast mit dem König geschlossen / als er von dannen durch das Heer hinweg geführet / und dem Gerichte vorgestellet ward.

61  V. 736. Es war der Auffrührer Vorwenden / wenn man dem Könige alles nachgeben wolte: Worzu hätte dann ihr Sig und so vil Bluttvergissen gedinet: Ob schon in dem Gegentheil der fromme und eingeklämmete Fürst mehr von seinem Recht nachgelassen als jemand hoffen können. Besihe die Erklärung so unter dem Namen des Hauses der Gemeine in dem Parlament von Engelland außgegeben / Warumb sie die Fridens-Handelung mit dem Könige auff der Insel Wicht abgebrochen. In dem Engelländischen Memorial auff der 163. 164. und folgenden Seiten.

CROMWELL.

Gesetzt es sey! wer burgt[62] vor diß was er versprach?

GESANDTE.

Ihr habet ja sein Wort / und ihn in euren Händen.

CROMWELL.

Gefangne / wenn sie frey die ändern und verwenden.

GESANDTE.

Gönnt daß er sich erklär' und nemm't noch Bürgschafft an.

CROMWELL.

Sagt mir wer Lager / Land und Statt versichern kan?

GESANDTE.

Mein König! rettet dich nicht dein unschuldig Leben!

CROMWELL.

Auch Fromme können offt gar böse Fürsten geben.

GESANDTE.

Dein unbefleckter Geist / dein keusches nüchtern seyn!

CROMWELL.

Diß steht bey Fürsten schlecht / man lobt es in gemein.

GESANDTE.

Wer wird nach deinem Tod nicht Albion anspeyen?

CROMWELL.

Was geht es ander an[63] was Britten kan befreyen?

62  V. 740. Mit diser Außflucht hat Cromwel alle die vor des Königes Leben
angehalten abzuweisen pflegen / massen ich aus einem Hoch-durchläuch-
tigen Munde vernommen / und wird solche ebenfalls in vorerwehnter
Erklärung eingeführet.

63  V. 750. In dem Außschreiben des Parlaments / in dem Sabbath Martii
des 1646. Jahres außgegeben /wird geschlossen. Vnd nach dem sie sich
nicht haben bemühet / noch vorgenommen sich zu bemühen mit den
Anschlägen oder Regirung einiger anderer Königreich und Stände / oder
einig Leid und Anreitzung ihren Benachbarten anzuthun / mit welchen
sie begehren vollkömmlich zu erhalten alle billige Correspondentz und
Freundschafft / so sie ihnen gefällig ist /und sie bleiben in ihren Gräntzen
/ zu dem Wercke diser gemeinen Regirung / und dem Anhang darzu
gehörig / welches ihnen angetrauet ist / und gevollmächtiget mit Bewilli-
gung alles dises Volcks dessen vorgestelte Personen sie sind: »So behalten
sie sich auch zuvor alle dergleichen billiche und rechtmässige Handlungen
ausserhalb Landes / und daß die jenigen die es nicht angehet / sich nicht

GESANDTE.

Wird unsre reine Lehr durch Königs-Mord befleckt?

CROMWELL.

Die reine Lehre wird durch dises Blut erweckt.

GESANDTE.

Vnd dürffen wir noch Rom den Königs-Mord verweisen!

CROMWELL.

Sind keine Schotten mehr die solchen Richtstul preisen?

GESANDTE.

Läst Gott / der Printzen Gott / so grimme Blut-spil zu?

CROMWELL.

Der Vnterdruckten Gott schafft durch diß Spil uns Ruh!

GESANDTE.

Der Himmel wacht ja selbst für dise die er krönet!

CROMWELL.

Vnd bricht den Thron entzwey der rechtes Recht verhönet.

GESANDTE.

Vergossen Königs Blut rufft Rach' und schreyt für Gott!

CROMWELL.

So viler Britten Blut / wil Blut / wie Gott gebott.

GESANDTE.

Ein Erb-Fürst frevelt Gott / Gott hat nur Macht zu straffen!

CROMWELL.

Gott führt sein Recht jtzt aus durch unterdrückter Waffen.

GESANDTE.

Heist dises Gottes Recht / wenn man das Recht verkürtzt?

CROMWELL.

Wenn trotze Tyranney den strengen Halß abstürtzt?

GESANDTE.

Man wegert ihm Gehör[64] auff sein inständig Bitten!

wollen bemühen mit den Sachen in Engelland / die sich in geringsten nichts mit den ihrigen bemühen.«

64   V. 765. Besihe die virdte und letzte Vorstellung des Königs / in welcher er so flehentlich ersuchet noch einmal offentlich gehöret zu werden. Welches ihm wie vor diesem / abgeschlagen. Massen er dann stets / wenn er seine Haubtgründe vorbringen wollen gehindert und weggeführet / weil er sie nicht vor genugsam Gevollmächtigte erkennen wolte.

CROMWELL.

Da / als er Ihm die Zeit zu hören selbst verschnitten.

GESANDTE.

So stirbt er unverhört zu Brittens höchster Schand?

CROMWELL.

Warumb hat er die Zeit nicht besser angewandt.

GESANDTE.

Wie? ist euch eine Stund / in diser Zeit so theuer?

CROMWELL.

In einem Augenblick entbrent ein grosses Feuer!

GESANDTE.

O! daß die Flamme nicht gantz Albion verzehr!

CROMWELL.

Man lescht mit Königs Blut daß sie uns nicht verher.

GESANDTE.

Denckt wie der Printzen Printz diß Blut hab offt gerochen?

CROMWELL.

Es geh nu wie es geh! Das Vrtheil ist gesprochen.

GESANDTE.

Was spricht der Höchste nicht auff diß Verbrechen aus?

CROMWELL.

Des Höchsten Außspruch trifft des Ertz-Tyrannen Hauß.

GESANDTE.

Was könt eur eigen Hauß in künfftig nicht entzünden?

CROMWELL.

Wir werden für den Brand auch künfftig Mittel finden.
Die Zeit verlaufft! bey mir nur ferner nicht gesucht /
Was ausser meiner Macht. Die Bitt ist sonder Frucht.
So wenig euch vergönnt den Grund der Welt zu spalten:
So wenig könnt ihr heut das Richt-Beil hinterhalten /
Weil nichts mehr retten kan / nichts sag ich / glaubt es mir:
Es stünde denn Gott selbst und augenscheinlich hir.

*Hugo Peter. Cromwell.*

Wie? hat der Schott einmal das Ende finden können!

CROMWELL.

Ich wolt und möcht ihm mehr zu reden nicht vergönnen.

PETER.

Der Catt ligt abermals dem Fairfax in dem Ohr.

CROMWELL.

Noch eh der Schott abtrit / steht schon der Catt im Thor.

PETER.

Man fahre schleunig fort / denn hilfft kein überlauffen.

CROMWELL.

Schaff an! man fahre fort! Sind die beschickten Hauffen
Durch Gaß und Platz vertheilt?

PETER.

Mehr denn zu wol bestellt.
Der Port ist starck besetzt. Das Waffen-volle Feld
Erschreckt die bleiche Stadt.

CROMWELL.

Nun! keine Zeit verloren.
Man sagt es habe sich ein Hauffen hart verschworen /
Zu retten Stuards Kopff. Drumb nehmt das Schloß in acht.
Bewahrt das Traurgerüst / und handelt mit Bedacht.

PETER.

Eh'r soll der Leib zustückt auff lichter Glut verbrennen /
Eh soll man Fleisch von Fleisch und Glid von Glidern trennen:
Eh soll mein bluttend Haubt auff Londens Brücken stehn:
Eh der verdammte Carl der Straffe soll entgehn.

*Chor der Engelländischen Frauen und Jungfrauen.*    80

JUNGFRAUEN.

Güldnes Licht der Erden Wonne /
Das den grossen Bau erhält:
Schmuck des Himmels / schönste Sonne.
Wie daß nicht dein Glantz verfält?
Kanst du ob dem Greuel stehn?
Wilst du nicht in Wolcken gehn?
Vnd mit Donner-schwartzen Flecken:
Dein bestürtztes Antlitz decken?

FRAUEN.

Nacht komm in den Tag gezogen:
Komm du ungeheure Nacht:
Die aus Plutons Grufft geflogen

Als des Frevels tolle Macht
Mit dem scharffgezuckten Schlag
Auff Mariens Nacken lag.
Komm die Foudrigen verhüllet /
Als es seinen Grimm erfüllet.

JUNGFRAUEN.

Phoebe lescht mit nassen Wangen
Schon ihr silberzartes Licht.
Dunst und Nebel hat umbfangen
Der Astreen Angesicht.
Nur Orion zuckt sein Schwerdt
Auff der Britten Kirch und Herd
Vnd Meduses Schlangen Zöpffe
Treuffeln über unser Köpffe.

FRAUEN.

Nein! wir wündschen kein Verdecken /
Die mit Väterlichem Blut
Wollen Sonn und Tag beflecken.

Diß erquickt den heissen Mutt!
Last uns sehn was nach uns schlägt?
Was uns auff die Baare trägt:
Wie das Wetter sich entzünde;
Wie man Eyd und Pflicht entbinde.

JUNGFRAUEN.

Printz! den Zeit und Ewikeiten
Den die Nach-Welt schon verehrt /
Laß dich auff den Mord-Platz leiten.
Wer dein letztes Seufftzen hört /
Wer den grossen Mutt betracht /
Vnd dein Antlitz nur beacht
Wird trotz allem Argwon schlissen
Dein unschuldig Blutvergissen.

FRAUEN.

Printz! leid umb dich so vil Zeugen /
Als um diß Gerüste stehn
Daß wenn du dich hin wirst beugen
Brittens Heyl müss' untergehn.
Brittens Heyl das in dir lebt

Das sich wider sich erhebt /
Daß wenn du wirst nidersincken:
Wird inn deinem Blut ertrincken.

82

# Die Virdte Abhandelung

*Carolus. Juxton. Thomlisson.*

Fürst / aller Fürsten Fürst! den wir nun sterbend grüssen /
Vor dem wir auff dem Knie das strenge Richt-Beil küssen /
Gib was mein letzter Wundsch noch von dir bitten kan:
Vnd stecke Carols Geist mit heil'gem Eyver an.
Entzünde diß Gemüt / das sich ergetzt zu tragen
Die Ehren-volle Schmach: das sich behertzt zu wagen
Für unterdrückte Kirch' / entzwey gesprengte Cron /
Vnd hoch-verführtes Volck. Ihr die von eurem Thron
Mein Mordgerüst beschaut / schaut wie die Macht verschwinde
Auff die ein König pocht / schaut wie ich überwinde
In dem mein Zepter bricht. Die Erden stinckt uns an /
Der Himmel rufft uns ein. Wer also scheiden kan /
Verhönt den blassen Tod / und trotzt den Zwang der Zeitten /
Vnd muß der Grüffte Recht großmüttig überschreitten /
Indem ein Vnterthan sein eigen Mord-Recht spinnt /
Vnd durch des Printzen Fall unendlich Leid gewinnt /
Das häuffig schon erwacht: wer nach uns hir wird leben /
Wird zwischen heisser Angst und Todesfurchten schweben /
Indem sich Land auff Land / und Stat auff Stadt verhetzt /
Vnd Rath-Stul dem Altar und Tempel widersetzt /
Vnd diser / den verdruckt / der jenen aus wil heben /
Vnd dem der nach ihm schlägt den letzten Hib wil geben.
Biß der / der wider uns den grimmen Schluß aussprach /
Der unser Regiment mit frecher Faust zubrach /
Geprest durch heisse Reu wird disen Tag verfluchen /
Vnd meine Tropffen Blut auff seiner Seelen suchen.
Biß der / der sich erkühnt mein sauber Hertz zuschmehn /
Von Blut und Thränen naß / sich nach uns umb wird sehn.
Doch! wir bekräncken diß. Vnd bitten; Herr verschone!
Laß nicht der Rache zu / daß sie dem Vnrecht lohne /
Das über uns geblitzt: ihr König schilt sie frey!
Verstopff' ach Herr! dein Ohr vor ihrem Mord-Geschrey!
Was sagt uns Thomlisson?

82

THOMLISSON.

Printz Carl / die Blum der Helden /
Wil ihrer Majestät die treue Pflichtschuld melden /
Vnd schickt durch treue Leut' aus Catten diß Papir!

CAROL.

Mein hochbetrübter Printz! mein Sohn! wie fern von dir!
Wie fern! wie fern von dir!

JUXTON.

Der Höchste wird verbinden
Was diser Tag zureist. Mein Fürst wird ewig finden
Was Zeit und Vnfall raubt.

CAROL.

Recht! finden / und in Gott
Vnd durch Gott wieder sehn / die ein betrübter Bot
Mit keiner Antwort Schrifft mehr von uns wird erquicken:
Ich muß die Trauer-Post an Freund' und Kinder schicken
Daß Carl itzund vergeh'. Nein! kan der untergehn
Der zu der Crone geht! der feste Carl wird stehn /
Wenn nun sein Cörper fällt / der Glantz der Eitelkeiten /
Der Erden leere Pracht / die strenge Noth der Zeiten
Vnd diß was sterblich heist / wird auff den Schauplatz gehn /
Was unser eigen ist wird ewig mit uns stehn.
Was hält uns weiter auff! geh Thomlisson und schicke /
Dem Printzen seinen Briff so unversehrt zu rücke /
Als ihn die Faust empfing. Wir gehn die letzte Bahn!
Vnnötig daß ein Briff durch schmertzen vollen Wahn /
Durch jammerreiche Wort und neue Seelenhibe /
Vns aus geschöpffter Ruh' erweck' und mehr betrübe.

JUXTON.

Gott / in dem alles ruht / vermehre dise Ruh.

CAROL.

Er thuts / und spricht dem Geist mit starckem Beystand zu.

JUXTON.

Sein Beystand stärckt in Angst ein unbefleckt Gewissen.

CAROL.

Daß der unschuldig lid / wusch durch sein Blut-vergissen.

JUXTON.

Der / was uns druckt / ertrug in letzter Sterbens Noth.

CAROL.

Vns drückt / diß glaubt uns fest / nichts mehr als Straffords Tod.

THOMLISSON.

Die Richter haben ihm die Hals-Straff aufferleget.

CAROL.

Sein Vnschuld hat den Plitz auff unser Haubt erreget.

THOMLISSON.

Der König gab den Mann durch Macht gezwungen hin!

CAROL.

Lernt nun / was diser Zwang uns bringe für Gewin.

THOMLISSON.

Der König must es thun[65] / das tolle Volck zu stillen /

CAROL.

Recht so / seht wie das Volck[66] dem König itzt zu willen.

---

65   V. 65. »Nunquam sane schreibet der König dissertatione 2. tam difficili temporum statu conflictabar /quam in infelicis illius Comitis discrimine, cum inter aestus conscientiae meae fluctuans & NECESSITATEM, ut qvidam ajebant importunis populi mei flagitationibus auscultandi, Obtemperavi eorum consilio, qvi (in me animo ut opinor benevolo) suadebant ut tutiora in praesens qvam qvae justiora sunt visa eligerem, atqve adeo Externae inter homines Paci, internam Conscientiae Rectitudinem coram Deo postponerem.«

66   V. 66. – »Nec fefellit, fähret der König fort / eventus Dei Justitiam & qvae sunt tristissima, satis mundo declararunt, qvam fallax est illud, satius unum interire vel innoxium, qvam populi offensam, vel ruinam accersere. Nihil enim mihi atrocius evenisset (si asserta Straffordii Innocentia, & Justissimis Conscientiae dictatis obtemperans legem illam Damnatoriam obfirmare recusassem) qvam qvae postea minore cum solatio perpessus sum Ipse, & Populus meus, postqvam ingratis qvorundam obtestationibus tam crudelem gratiam indulsissem. Qvin & illud etiam observavi eos qvi Authores mihi erant suis consiliis ut sententiam illam ratam facerem, nullam aliam mercedem Gratiosi officii qvam Direptiones Vexationes & omne genus contumelias ab illo ipso, qvem captabant populo, retulisse: Illo solum minime omnium laeso, qvi id sedulo suadebat ne refraganti conscientiae assentirer.« Vnd thut darzu: »Nec qvicqvam magis deinceps firmavit animum meum adversus aliorum violentias (qvi iisdem me artibus adorti sunt) ne in Acta consentirem Conscientiae meae adversantia, qvam acres illae puncturae & stimuli qvae ob rem Straffordianam usqve adhuc haerebant.«

THOMLISSON.

Als Wentwort umb den Tod[67] / den König selber bat.

CAROL.

Seht was der König itzt dadurch erhalten hat /

THOMLISSON.

Man schloß vor aller Heil auff eines Manns Verderben.

CAROL.

Der dises schloß / ist hin / und wer nicht hin / wird sterben.

THOMLISSON.

Dem Vrtheil fillen bey der Stats- und Kirchen Rath.

CAROL.

Verblümm't es / wie ihr woll't / es war ein' arge That.

JUXTON.

Der Höchste wird die That der langen Reu verzeihen.

CAROL.

Er wird von disem Blut uns durch sein Blut befreyen.
Auff Geist! die Blut-Trompet / der harten Drommel Klang /
Der Waffen Mord-geknirsch rufft zu dem letzten Gang.

*Carolus. C. Hacker. C. Thomlisson. Juxton. Die Edelen.*

HACKER.

Mein Fürst! das raue Joch / darein die Zeit uns zwinget /[68]
Die wider Will' und Wundsch uns disen Dinst auffdringet /
Erfordert ihn durch uns / und sonder weitter Frist /
Von dem bestürtzten Hoff' auffs letzte Traur-gerüst.

CAROL.

Wir gehn! entsetzt euch nicht! wir sind bereit zu leiden!
Vnd eilen aus der Angst der langen Qual zu scheiden /
Wer nach uns leben wird sol über unsre Pein
Vnd unsre Richter selbst / ein strenger Richter seyn.

85

---

67  V. 67. In seinem Briff an den König gegeben in dem Gefängnüß den 4.
Maij des 1641. Jahres. Engell. Memoriale auff der 8. Seiten.

68  V. 77. »Frantz Hacker ward beschuldiget / daß er den König aus des
Obersten Thomlinsons Händen empfangen. Verschmähete Majestät III.
Buch auff der 420. Seiten.«

Wenn grosser Fürsatz[69] sich mit Macht nicht aus läst führen
Muß in ein Schrecken-Bild sein Glantz sich nur verliren:
Denn wächst mehr Müh' auff Müh' und wenig wird verbracht.
Wenn das gesteckte Zil den Sachen wird gemacht
Erwarten hir und dar verlangens-volle Hauffen /
Ob den und wie das Werck zu Ende könne lauffen.
Was hat das weite Land nun so vil Jahr begehrt?
Wer hat mit frembdem Zwang der Britten Heer beschwert?
Man hat / (und mit was Recht?) der siben Erndten toben /
Auff uns / die selbst verdruckt / und unsern Kopff geschoben /
Der sich nicht schuldig weiß. Wie? möcht es denn nicht seyn /
Daß man mit höchstem Fleiß griff allem Rasen ein?
Vnd hämm'te dise Flut? die ungehämm't sich häuffet /
Vnd brausend über Land und Volck das Land ersäuffet /
Vnd überschwemmen wird / und war ein Mittel dar /
Das besser zu dem Zweck' als diser Handel war?
In welchem (wie es selbst dem Parlament gefallen)
Wir beyderseits bemüht dem Friden nach-zu wallen.
Diß Pflaster hätte Schmertz und Wunden stracks geheilt /
Wenn nicht ein sigend Heer uns in den Weg geeilt /
Ein Heer / das sich erkühnt (O Greuel außzusprechen!)
Mich Haubtfeind! mich Tyrann zu nennen / und zu brechen
Die mir verschworne Pflicht. Vrtheile nun die Welt
Ob ich mein offen Hertz nicht redlich vorgestellt:
Ob ich mich nicht erklärt auffrichtig zu vergönnen /
Was Freund / was Vnterthan / ja Feind! begehren können?
Doch nein! es ging nicht an bey dem der seine Macht
Vnd frechen Ehrgeitz mehr / denn aller Heil bedacht.
Mein schmacht- und sterbend Volck erquickte dises Hoffen:
Wie aber Ach! wie hat der Außgang eingetroffen?
Was aber klagt ihr an? vor ging ich wenig ein.
Itzt leider nur zu vil! und muß verdammet seyn!
Weil ich das Schwerdt entblöst / trug ich beschimpffte Bande:

69    V. 85. Dises sind mehrentheils des Königs selbst eigene Worte / genommen aus dem Auffsatz den er einem getreuen Diner hinterlassen / als er
von Wicht hinweggeführt. Massen sie auch dem Engelländischen Memorial einverleibet / von der 50. Seiten an biß zu der Vir und Funfftzigsten.

Vnd nun ich Friden wil / laß ich den Kopff zu Pfande!
Habt ihr zum Fürsten mich und König nicht gekrönt?
Warumb denn werd' ich itzt mehr als ein Sclav' verhönt?
Ich könte Frau' und Kind in Wollust bey mir wissen:
Itzt muß ich Frau und Kind und Ruh' und Friden missen!
Mir schwur mein Vnterthan: itzt bin ich mehr denn Knecht!
Gebt Antwort! sprecht frey aus! sind eure Sachen recht;
Klagt Carols Raths-Leut' an: ihr habt sie mir genommen:
Vnd nun kein treuer Mann mir darff vor Augen kommen
Nun ich mit Gott allein / allein zu rathe geh:
Wen tadelt ihr bey mir? Ach! überhaufftes Weh!
Je mehr ich mich bemüht den Friden zu erjagen:
Je mehr seyd ihr bemüht mein Eyvern außzuschlagen.
Was wolt ihr denn von mir / wenn ihr euch nichts erklärt:
Ja wenn ihr selber nicht mehr wisst was ihr begehrt?
Denckt nach! ich forder euch und eur verstockt Gewissen:
Es zeug' ob ich mich nicht nach euren Wundsch beflissen?
Vnd da ichs falsch gemeint' so geh der Himmel an /
Vnd schicke seinen Blitz / so häfftig als er kan
Auff mein verdammtes Haubt. Da aber mein Bemühen
(Wie meine Seel außsagt!) ging zu des Landes blühen;
Warumb denn daß man mich in derer Klauen läst /
Die nur mein Blut begehrt? ob schon die scharffe Pest
Mit heilig-seyn sich schminckt / ob man mit Lämmer-Fellen
Den Wölffsbalg überzeuht; man kan sich nicht verstellen!
Diß sag ich rund: das nichts dem Friden widersteh:
Den derer Eigensinn / die / ringend nach der Höh /
Aus Knechten sich erkühnt / als Meister zu regiren /
Vnd in des Königs Thron den Pövel einzuführen.
Wer dise Gründ auffhebt / reist nur nicht alles ein:
Er muß des Vntergangs auch selbst gewärtig seyn.
Wer nach der Klinge greifft / muß durch die Kling' auff-fligen:
Wer durch Tumult' auffsteigt: wird plötzlich unterligen.
Ein leichter Wetterhan verändert für und für
Vnd hass't den Wechsel selbst. Verkehrt er etwas hir:
So bricht er dort es ein / und kan durch thöricht Irren /
    Nichts als / Sinn / Kirch / und Stat / und Ständ / und Reich
      verwirren.

Biß ihn von disem Schein ein toller Haß abdringt /
Vnd er / durch Wahn getrotzt in tiffer' Elend springt.
Ich weiß / daß nichts als Zeit / die Rotten auff kan heben:
In dessen greifft die Pest gantz Albion ans Leben
Vnd steckt die Glider selbst mit scharffem Außsatz an /
Daß kein halb faulend Aaß so grausam richen kan
Wenn sich der bange Stanck bey heissem Tag erhebet /
Vnd durch die schwere Lufft mit sichen Dünsten schwebet;
Vnd wie man selbst den Ort von disem Scheusall fleucht:
So wird / (wenn nun die Gifft durch manches Jahr verzeucht)
Mein müdes Britten Land sich selbst voll Haß anspeyen /
Vnd wütten wider die / die man der That wird zeihen.
Noch eins / und diß zu letzt. Gott! aller Printzen Gott!
Mag Zeug und Richter seyn: daß ich biß in den Tod /
Daß ich ohn alles Falsch umb Friden mich bemühet.
Das ewigscheinend Aug daß in die Hertzen sihet /
Siht: daß ich so vil Recht von meinem Recht nachliß
Als mich in disem Werck mein rein Gewissen hiß.
Es siht / daß nichts das Licht / der wahren Fridens Sonne /
Der so in meinem Land durchaus verhofften Wonne /
In einem Nun verdeckt / als die verfluchte Wolck
Die ein auff seinen Printz mit Stahl gerüstet Volck
In diser Lufft erweckt. Lass't nun die Welt aussagen;
Ob einem Läger frey so grause That zu wagen!
Vnd wider Recht und Eyd dem Reich zu wider stehn.
Ja mit dem Reich und Recht und Freyheit durch zu gehn.
Ein frembder Außgang muß auff solch Beginnen lauffen /
Der Thamm und Wall umbreist und läst das Land ersauffen.
Wenn Carl den Handel nur für seinen Kopff begehrt /
So hät es etwas Schein daß sich das Heer beschwert /
Nun selbst das Parlament / durch meistes Land bezwungen
Mich zu dem Fridens Werck hat beyderseits gedrungen;
Warumb werd' ich verdacht? daß ich mit Recht und Gott
Ihn die nicht falsche Treu durch dise Faust anbott?
Ich zweiffel ferner nicht / der Nebell sey verschwunden /
Vnd aller wachsamb Aug und Hertz hab itzt gefunden /
Wer die gewündschte Ruh' in Albion verletzt:
Vnd das bestürtzte Land in neuen Brand gesetzt.

Es weiß der alles weiß / daß mich mein Leyd nicht kräncke:
(Mir fällt kein Angst zu schwer!) wenn ich mein Volck bedencke
Zutreufft mein Hertz in Blut / sein Elend greifft mich an!
Mein Volck / das sich nicht selbst als ich mich trösten kan.
Gott stärcke sie und mich nach unsers Trübsals Grösse /
Vnd mehre die Geduld als tiff die Hertzens Stösse.
Ich / nun der Feinde Rach' ihr Garn hat abgewebt /
Bin mehr bereit den Leib / der nur zu vil gelebt /
Bin mehr bereit die Cron / und Geist zu übergeben /
Als sie behertzt ihr Beil itzt auff mich auffzuheben.
Mein sterbend Antlitz siht das sich der Himmel färb'
Vnd schwanger geh mit Glutt und in dem Blitz verderb' 89
(In dem die Rach' abtreufft in dicker Wetter Regen)
Die hochverdammte Schar die mit entblöstem Degen
Dem Friden widersteht. Denn wie er Segen gibt
Dem / der gerechten Frid' erhält und Friden libt:
So muß sein heisser Fluch auff derer Seelen brennen
Die Krig und Blut erquickt. Gott läst mich itzt erkennen;
Daß er mich gegen sie und ihren Grimm bewehrt.
Kommt! Carl ist unverzagt! entblöst das tolle Schwerdt!
Last die vergifften Pfeil auff unser Hertz abfligen!
Die Brust ist wol verwahrt! Carl wird nicht unterligen!
Gott ist mein Fels und Schild! was geht uns weiter an /
Was ein verstockter Mensch auff mich beschlissen kan?
Du vorhin mein Palast! itzt deines Königs Kercker!
Mit Seufftzen itzt / vorhin mit Wonn' erfüllter Aercker!
Ihr / die ihr vil zu klein zu Carols höchster Pracht /
Weil uns der Himmel rufft. Ich scheide! gutte Nacht!
Komm Wentworts werthe Seel! ich wil den Frevel büssen!
Ich wil wie du den Tod: ich wil das Mord-Beil küssen!
Erlöser blick' uns an! Erlöser! Ach verzeih!
Erlöser nimm' uns auff! Erlöser steh uns bey!

*Hugo Peter allein.*

Nunmehr hab ich genung[70] das Elend hir gebauet;
Nach dem mein Augen / Herr! den schönen Tag geschauet.
Vergönne wenn du wilst daß ich im Frid hinfahr!
Man führt den Wüterich zu seiner Todten-Baar.
Der Barrabas verfält! und muß die Schuld zu büssen /
Durch den verfluchten Tod sein grausam Leben schlissen.
Dein Allmacht spür ich / Herr! würckt itzt zu unserm Heil /
Vnd waffnet Straff und Rach mit dem gerechten Beil.
Du gibst der Heilgen Schar Macht Könige zu binden;
Vnd Ed'len in die Kett' und Fessel einzuwinden.
Wer hat es je vermeint? das Licht zilt auff den Tag /
90 Ja bildet deutlich ab / wie nach dem letzten Schlag
Der dise Welt in Grauß in einem Nun wird legen;
Wir werden über Reich und König Vrtheil hegen /
Vnd richten was sich / Gott / je wider dich verschwor /
Vnd irrd'scher Götter Stul vor deinen Thron erkohr.
Man eilt! ich muß voran! eh wolt ich tausend Leben
Auffsetzen / als mich itzt des Wunderblicks begeben /
Des Wunderblicks / nach dem ich nichts zu schaun begehr.
Was hat die Welt / daß sie nach dem zu schaun gewehr?

*Fairfaxen Gemahlin. Ein Edelknabe.*

Der Feldherr (was ich auch gesucht) ist nicht zu finden.[71]
GEMAHLIN.
Gerechter Gott! Ach! soll mein Hoffen so verschwinden?

70 V. 225. Daß dise gantze Rede aus des Meister Peters eigenen Worten genommen / erweiset der 15. und 16. §. seiner Peinlichen Anklage.

71 »V. 245. La Dama cosi per troppa accortezza di non confidare di hauer lapromessa di i suoi, resto ingannata di se medesima, & in vano tenta la salute del Re. In tanto ella mando piu volte un paggio ad informarsi, se si mutauano li Reggimenti della Guardia de Rè udendo chenò tanto sene afflisse, che addolorata non tardo molto a terminare cosi gran trauaglio, perche se ne enfermo & vi lascio la vita. Il Fairfax anch' egli non ardiua di ritornare a casa per non esser improuerato, che non hauesse saputo scruire alle Moglie.« Dises sind die Worte des Conte Bisaccioni in seiner Geschicht-Beschreibung des Bürgerlichen Kriges in Engelland / gedruckt zu Venedig durch Francesco Storti in dem 1655. Jahre; Lautet auff deutsch: Also blib die Frau durch gar zu grosse Bescheidenheit / in dem sie sich nicht unterstanden zu entdecken / daß sie das Wort von denen ihr Zuge-

Wie stehts umb Jacobs Hoff?

EDELKNABE.

Man rennt zu Fuß und Roß.

Man führt den König gleich fort nach dem weissen Schloß.

GEMAHLIN.

Ach! sag an / wessen Heer zu dem Geleit erkohren;

EDELKNABE.

Huncks / Axels / Hackers / Phrays.

GEMAHLIN.

Ach! alles ist verlohren!

Stracks nim den besten Hengst / renn' und komm nicht zu mir;

Du bringst mein Ehgemahl dann auff mein Wort mit dir.

*Fairfaxen Gemahlin. I. Obriste.*

Ist diß gegebne Treu! ist diß sein hoch Versprechen?

Scheut Fairfax sich nicht Wort und hohen Schwur zu brechen?

Wo ist die erste Glutt / der hart verknüpfte Bund?

Bin ichs / die stets vorhin in seinem Hertzen stund?

Ehrloser pflegst du so mit Hand und Eyd zu schertzen?

Verstehst du nicht was Ruhm? vergist du meiner Schmertzen?

Wie? oder windet Furcht das Glück aus deiner Faust?

Vnd bebst du nicht vor dem ob dem der Erden graust?

Hast du die Helden nicht die sich mit mir verbunden;

Wol zu der That gesinnt und nicht bereit gefunden?

Warumb verbirgst du mir Vntreuer dein Gesicht?

So ists! wer Arges denckt / wer schuldig; scheut das Licht.

O Himmel! was beklemmt mir die gepresten Sinnen!

thanen schon weg hätte / von sich selbst betrogen / und unterwand sich vergebens den König zu retten. Indessen schickte sie mehrmals einen Edelknaben umb zu vernehmen ob die Heere so den König verwahren solten /verändert oder abgelöset würden; Vnd als sie das Widerspill erfahren / betrübte sie sich so hoch darüber /daß sie in höchster Wehmutt sich nicht lange verweilete / so grosse Hertzens Schmertzen zu schlissen /sintemal sie darüber Bettlägerig wurd und ihr Leben liß. Fairfax selbst dorffte es nicht wagen nach Hause zu kommen/ weil er sich befahrete / es würde ihm verwisen werden daß er seiner Gemahlin nicht hätte wollen zu willen seyn. Welche Worte disen und folgenden Eingang erläutern werden.

Ich fühle daß mir Krafft und Seele wil zerrinnen.
Die Brust klopfft. Schau ich den / der neulichst mir verhiß
Was er / O Schand / O Schmach! heut' unterwegen ließ?
I. OBERSTE.
Man schreib es mir nicht zu das Fairfax nicht erbeten.
GEMAHLIN.
Der Muts und Eyvers voll schwur mit euch umbzutreten.
I. OBERSTE.
Hat sie ihn / wie ich hör / auff ihre Meinung bracht?
GEMAHLIN.
Vollkommen / gestern spät' und eh der Tag erwacht.
I. OBERSTE.
Hilff Gott! wie daß er sich denn nicht heut' uns erklähret.
GEMAHLIN.
Wie / daß ihr nicht vollführt was er an euch begehret?
I. OBERSTE.
Wir stunden beyde ja zu seinem Dinst bereit.
GEMAHLIN.
Wie das so ruchloß dann verschertzt die schönste Zeit?
I. OBERSTE.
Ach leider! ach ich spür' es / was von uns versehen!
GEMAHLIN.
Es ist umb ihn und euch und Carols Haubt geschehen.
I. OBERSTE.
O kaum erhörter Fall! O Irrthum sonder gleich.
GEMAHLIN.
Welch Irrthum? fördert diß den ungeheuren Streich?
I. OBERSTE.
Er hat uns seinen Schluß zu dunckel vorgetragen.
GEMAHLIN.
Warumb erkühnt ihr euch nicht ihn umb Licht zu fragen?
I. OBERSTE.

92    Sein Sorgenvoll Gesicht schloß (dünckt mich) unsern Mund.
GEMAHLIN.
Er sorgte; weil ihr ihm verhölt des Hertzens Grund.
I. OBERSTE.
Ach daß sie nicht vorhin das minst uns ließ entdecken!

GEMAHLIN.

Mein Vorsatz war / durchauß nicht Argwohn zu erwecken.

I. OBERSTE.

O Vnfall der uns auch mit seinem Blutt bespritzt!

GEMAHLIN.

O Stral! der meine Seel' auffs schärffst' unheilsam ritzt!

I. OBERSTE.

Carl felt durch jener Spruch; und stirbt durch unser Schweigen.

GEMAHLIN.

Solt ich / mein Fürst! vor dich / auffs Mordgerüste steigen!
O König! Ach wo bleibt mein Ehgemahl?

I. OBERSTE.

Nur Mutt!
Er sucht die Stunde noch zu retten Carols Blutt.

GEMAHLIN.

Wo ist er?

I. OBERSTE.

Er ist gleich / auff der Gesandten bitten;
Vmb etwas Auffschub / nach West-Münster fort geritten.

GEMAHLIN.

Auff! folgt! wo Rettung ist; eilt! steht ihm an der Hand!
Entfernt von mir und euch die unerhörte Schand!
Behertzt das schwere Stück!

I. OBERSTE.

Ich eil.

GEMAHLIN.

Ohn Zeit verliren.
Herr! aller Götter Gott: Laß deinen Beystand spüren!
Bewege Rath und Volck. Beschirme mein Gemahl /
Wo nicht; so reiß mich bald / weg vor des Königs Qual.

*Chor der Religion und der Ketzer.*

RELIGION.

Herr dem ein reines Hertz / und das sich dir ergeben /
Vnd das dich einig ehrt und einig libt / gefält;
Der du durch Seelen sihst / dem auch was todt muß leben!
Warumb verbannst du mich auff die verdammte Welt?
Warumb doch wohn' ich hir in Mittel grimmer Drachen?

93

Vnd schlage mein Gezelt bey Mesechs Hütten auff?
Wie lange sol ich noch bey Kedar Läger machen?
Wie lange schwitz ich Blut bey toller Leuen Hauff?
Ach Richter! der durchsiht auch die verdeckten Niren?
Wie lange soll ich noch der Schalckheit Deckel seyn?
Wie lange läst durch mich der Pövel sich verführen?
Vnd geht was Boßheit schleust in meinem Namen ein?
Wer itzt die Wehr ergreifft: ergreifft sie mich zu schützen:
So spricht er / und steckt Land und Kirchen selber an.
Wenn Zwang / wenn eigen Sinn / wenn Auffruhr nicht wil nützen;
Deckt sie mein Nam / und Kleid auff den man pochen kan.
Wer seinen tollen Traum nicht darff zu marckte bringen:
Schminckt ihn mit meiner Tracht und seet Haß und Streit.
Wenn das entdeckte Schwerdt nicht kan die Völcker zwingen
Bricht durch mein Ebenbild die Rachgier Bund und Eyd.
Wer frey ohn alle Scham / ohn alle Furcht wil leben
Vnd was die Kirch einsetzt mit trotzem Fuß zutrit:
Entschuldigt sich mit mir / wer Printzen aus wil heben
Vnd Cronen niderdruckt / bringt meine Larve mit.
Sol ich der Britten Mord auch disen Tag beschönen?
Vnd mit der Fackeln Licht benebeln Carles Tod?
Mein Bräutgam / laß so fern nicht deine Braut verhönen.
Weil ich unschüldig bin ans Königs herber Noth.
Ihr Wolcken brecht entzwey! ich muß den Ort gesegnen
94      Der mich vor ein Gespenst und Buben-Larven hält.
Denckt Menschen! was euch wird in meinem Schein begegnen:
Ist Rauch und Dunst und Trug! wir scheiden aus der Welt.
DIE KETZER. I.
Halt Schönste! halt! warumb fleuchst du von mir?
II.
Ich halte dich O meine gröste Zir!
III.
Sie selbst ist hin! du hast ein leres Kleidt!
II.
Doch bleibt es mein!
IV.
Vmbsonst ist diser Streit
Mir kompt es zu.

I.

   Ich wil es selber gantz.

V.

   Es reist entzwey.

VI.

   Gib acht auff deine Schantz.

   Das Kleid ist mein.

VII.

   Vnd mein.

VIII.

   Vnd mein.

IX.

   Vnd mein.

VI.

   Es muß nicht dein und auch nicht dessen seyn!

*Die Religion aus den Wolcken.*

Geht! geht! und schmückt euch aus mit meines Mantels stücken!
Ein reines Hertz läst sich durch dise nicht erquicken!
Es sucht und findet mich in Gott der Warheit ist.
Vnd der ein reines Hertz zum Wohnhauß ihm erkist.      95

# Die Fünffte Abhandelung

*Hoffemeister des Churfürsten. Der Erste Graffe.*

HOFFE-MEISTER.

So läst der rauhe Grimm der Hunde sich nicht hämmen.

GRAFF.

Die Sturmwell ist numehr durch Mittel nicht zu tämmen.
Die Flut reist überhin / wie wenn das Land versenckt.
Vnd Wisen / Vih' und Hirt in einem Nun ertränckt.

HOFFE-MEISTER.

Ist denn nur Stuards Hauß zu disem Fall erkoren?
Hat auff den Stamm allein sich alle Noth verschworen.
Vnd geht was auff dem Thron nicht kan beständig seyn:
Nur durch Verrähter / Gifft und scharffe Mord-Beil ein?

GRAFF.

Der unverhoffte Fall der ungewissen Sachen
Kan offt aus Printzen Knecht / aus Knechten Fürsten machen:
Die Eos früh in Gold auff ihrem Stul anlacht:
Sind eh der Abend dar in frembde Kercker bracht.
Doch niemals hat die Zeit so rauhes Stück gezeiget:
Kein König hat so tiff sich öffentlich geneiget:
Ach Himmel! greifft ihr selbst dem tollen Wütten ein!
Laß diß den Fürsten nur ein Schau- nicht Vor-Spil seyn!

HOFFE-MEISTER.

Wie haben Catt und Schott den rauhen Schlag empfunden?

GRAFF.

Ich habe den bethränt und hochbestürtzt gefunden!
Er hat mit wahrer Treu den höchsten Fleiß gewagt
Vnd es den Mördern dürr ins Antlitz ausgesagt /
Wie schwer der Frevel sey. Er hat durch ernste Schreiben
Sich euserstes bemüht den Streich zu hintertreiben;
Doch hat man weder Ihn noch Catten groß geacht;
Die wie es schin / zum Schein nur / zur Verhöre bracht.
Eh' als das Parlament die Catten hat erlassen;
Liff schon das Vnterhauß durch die zertheilten Gassen.
Vnd that durch dises Stück ihn augenscheinlich dar /

Wie angenehm die Bitt und die Gesandschafft war.
Doch sind sie noch bemüht die Mörder zu erweichen.
HOFFE-MEISTER.
Man wird den Himmel eh mit einer Faust erreichen.
Der ist umbsonst bemüht und bittet sonder Frucht:
Der in dem höchsten Durst bey Flammen Wasser sucht.
GRAFF.
Es blickt nur mehr denn vil! man eilt das Spill zu schlissen / 96
Vnd das gerechte Blut des Königs zu vergissen /
Vnd theilt durch Gaß und Gaß das angefrischte Heer.
Die Plätze sind besetzt mit schütterndem Gewehr
Die Stadt wird umb und umb mit blossem Staahl umbgeben /
Man siht auff weitem Feld als schwartze Wolcken schweben /
Der Reuter leichte Schar. So hitzt das Land sich an;
Wenn ein getrotzter Feind / dem nichts entkommen kan /
Mit Schwerdt und Flamme pocht.
HOFFE-MEISTER.
Das zitternde Gewissen;
Schreckt die sich vor sich selbst bestürtzt entsetzen müssen.
Wie geht der grosse Fürst entgegen seiner Noth?
GRAFF.
Mit unerschrecktem Mutt. Er höhnt den blassen Tod /
Verlacht den Vbermutt[72] der rasenden Soldaten /
Die mit gehäuffter Schmach / o grause Missethaten!
Bestürmen sein Gemütt / daß als ein Pfeiler steht
Wenn schon ein leichtes Dach durch lichten Brand eingeht.
Man quält sein Einsamkeit mit ungeschickten Fragen.
Schmaucht mit dem Rauch / den er von Art nicht kan vertragen /
Wirfft Dampffröhr' auff den Gang durch den er wandeln muß /
Man sucht Ihn / wie man kan / zu reitzen zu Verdruß.
Vmbsonst! der grosse Geist läst durch so schnöde Sachen
Von der gefasten Ruh sich nicht abwendig machen.

---

72  V. 45. V. 49. Man quält sein Einsamkeit. Dise und vilmehr abscheuliche
    Händel werden weitläufftiger erzehlet in dem Buche dessen Auffschrifft
    Clamor Sanguinis Regii.

Ich schreck' / ein toller Bub[73] spie in sein Angesicht.

Vnd blärrt ihn grimmig an. Er schweigt und acht es nicht.

Ja schätzt es ihm vor Ruhm dem Fürsten gleich zu werden;

Der nichts denn Spott und Creutz und Speichel fand auf Erden

Er bringt die enge Frist in heisser Andacht zu /

Er preist was auch die Hand des Höchsten mit Ihm thu /

Vnd freut mit Juxton sich daß sein Erretter lebe /[74]

Der auch was unterdruckt aus Asch und Staub erhebe.

Der Bischoff stellt ihm vor[75] den übergrossen Tag

An welchem Gott was hir so tiff verborgen lag /

Durch Jesum richten wird. Er brandt in heilgem Sehnen;

In dem / wer umb Ihn stund / benetzt mit bittern Thränen

Ob seiner Andacht starrt. Biß man bey naher Nacht

Ihm Vorschläg'[76] / artig / durch der Haubtleut' Ausschuß bracht.

Auff welchen / da Er sie durchaus beliben wolte;

73    V. 55. Erschreckliche Leichtfertigkeit! Welche dennoch damals ihr Lob verdinet / wie in itzt genentem Buche zu sehen. In der Beschreibung von König Carls Leben und Tode wird es mit folgendem bestättiget. »Es wird referiret, daß / als der König wider vom Gericht kommen Ihm einer der Soldaten gantz Barbarischer Weise ins Gesichte gespyen / und einen Hauffen Verweiß Worte gegeben. Ob nun wol seine Majestät dero gewöhnlichen Sanftmut nach / solches geduldig gelitten / so hat doch die Göttliche Rache es nicht also ungestrafft hingehen lassen / indeme diser Elender kurtz hernacher wegen dessen / daß er bei der Armee eine Meuterey anrichten wollen / fürm Krigs-Rechte zum tode verdammet / und zu Londen auff S. Pauli Kirchhoff offentlich harquebusiret worden / auff der 110. Seiten.«

74    V. 61. Das übrige des Sonnabends brachte Juxton unter andern Gottseligen Pflichten mit Himlischen Anmerckungen zu / die er dem König über folgende Worte des 19. Haubtstückes aus dem Büchlin Hiobs vortrug. Ihr habt mich nun zehenmal gehöhnet. v. 3. 4. 5. biß zu dem 29. Verschmähete Majestät. I. Buch auff der 115. 116. 117. Seiten.

75    V. 63. Noch selbigen Abend hat Juxton eine übermassen gelehrte und herrliche Predigt vor dem Könige über die Wort des heiligen Paulus aus dem Sendebriff an die Römer in dem 16. Spruch der andern Abtheilung gehalten. Auff den Tag da Gott das Verborgen der Menschen durch Jesum Christ richten wird / laut meines Evangelii.

76    V. 68. Dises erzehlet weitleufftiger die verschmähete Majestät / in obgemeldeten Orte.

Ob wol durch Noth gepreßt / sein Heil bestehen solte.
Kaum hat er diß Papir mit Vnlust übersehn
Als er es von sich gab. Diß müsse nicht geschehn /
Was (sprach Er) wider Statt / und Gottsdinst und Gesetze /
Vnd Freyheit meines Volcks; wie vil man Beil auch wetze!
Ihr / warumb kränckt ihr doch mein abgeplagte Seel?
Vnd quält mit Worten mich fast bey des Grabes Höll?
Warumb bemüht ihr euch zu zwingen mein Gewissen?
Ists nicht genung daß ich Fleisch Blut und Hals sol missen?
Glaubts: eh ich Christus Kirch und das gemeine best /
Vor die der Höchste mich so würdig binden läst /
So fern betrüben wil; Eh meinen Vnterthanen
Ich durch mein Vorspill wil den Weg zu Jammer bahnen
Vnd ihre Freyheit / Statt / Gewissen / Gutt und Geist
Bewehrter Auffruhr (ob sie schon itzt herrlich gleist)
Gantz unter frechen Zwang und tolle Macht hingeben:
So wil ich liber selbst (und hätt ich tausend Leben)
Vor ihre Sicherheit und Freyheit Schlüß und Recht
Hinfahren / ja ich wil auffrichtig rein und schlecht /
Vor dises niderknyen. Ihr / (könt ihr noch was hören)
Entsetzt euch vor dem Schwerdt / es sind des Herren Lehren:
Zorn bringt des Schwerdtes Straff'. Vnd wißt; daß / ob ihr frey /
Dennoch ein Vrtheil noch vor euch verhanden sey.
Diß sprach Er / und entschlug sich ferner aller Sachen
Der schnöden Sterblikeit. Die muntern Sinnen wachen /
Ob schon sein müdes Haubt in kurtzes Schlummern fält.
Die Seel ist schon bey Gott: Der Leib nur in der Welt.
Er tritt was eitel ist mit unverwandten Füssen.
Als dises Licht sich fand die trübe Welt zu grüssen
Fand sich ein neues Licht in den durchläuchten Mutt.
Er forderte das Pfand / das der / der durch sein Blutt
Der Menschen Schuld abwusch zum Denckmal seiner Schmertzen
Vnd Zeichen theurer Huld ließ den gekränckten Hertzen.
Man höre was sich hir / Verwundrungs wehrt / zutrug;
Als Juxton zu dem Werck das Kirchenbuch[77] auffschlug /

98

---

77 »V. 104. Nach dem nun diser Fatalische Morgen herfür blickte / laß der
Bischoff von Londen / welcher ihme in disem bekläglichen Zustande
auffwartete / das Morgengebett / und für die erste Lection das 27. Capi-

Das Kirchenbuch / umb daß der Fürst so vil gelitten /
Vmb das ihn Engelland und Calidon bestritten
Fand sich daß gleich auff heut die Haubt-Geschicht gesetzt /
Die / wie der Fürsten Fürst durch eigen Volck verletzt
Vor seinem Richter stund / wie er von Geissel Streichen /
Vnd scharffen Dornen wund must an dem Creutz erbleichen
Der Christen Volck erzehlt / die uns Matthaeus schrib.

tul.des Evangelisten Matthaei, referirende die Historie von unsers Selig-
machers Leiden unter Pontio Pilato / durch Antrib der Hohenprister /
Schriftgelehrten /Phariseer und Eltisten des Jüdischen Volckes. Anfänglich
meinte der König / daß der Bischoff dises Capitul darumb erwehlet /
weiln es sich gar fein auf seinen gegenwertigen Zustand schickte; als er
aber vernam / dz es das jenige Capitul wäre / welches die Kirche für disem
Tag im allgemeinen Calender geordnet hatte / scheinete es / daß er darob
eine sonderbare Vergnüglichkeit empfande.« Carls Leben und Regirung
auff der III. Seiten. Denen welchen die Engelländischen Kirchen Gebräuche
unbekant dine zur Nachricht daß von Königin Elisabeths Zeiten an ein
gewisses Buch nach welchem die Kirchen-Gebräuche / Ablesung der
Schrifft und Gebete / Tag vor Tag einzurichten / durch das gantze Königreich gangbar gewesen. Dises wurd die Liturgi oder das allgemeine Gebet-
buch genennet / vermöge dessen unter andern die gantze heilige Schrifft
inner Jahres Frist offentlich von Anfang bis zu Ende abgelesen ward.
Nemlich jdweden Morgen ein Stück aus dem alten / ein anders aus dem
Neuen Testament wie sie nach einander folgeten. Disem Buche widersatz-
ten sich die Preßbyterianer durchauß / verordneten an dessen Stelle ein
Directorium, und ward den Geistlichen frey gestellet nach ihrem Gutachten
zu beten und zu lehren / woraus in kurtzem allerhand Verwirrungen er-
wachsen / zumal man des Directorii in kurtzem gleichfals überdrüssig
worden / ja sehr vil sich ereigneten / welche das Gebet des Herren selbst
verworffen. Hergegen hilt der König beständig über die Liturgia, litte
derohalben grosse Verfolgungen und Widerwertigkeiten / verthädigte diselbe in allen Zusammenkunfften / begehrete sich derselbigen in seinem
Gefängnüß in Holmbeij zu gebrauchen. Worüber das Parlament seinen
Geistlichen / die er zu sich gefodert den Zugang verweigerte. Entlich
schrib er vor die Liturgi wie in seinem Ebenbild aus der XVI. XVII. XX.
XXIII. Betrachtung erhället. In diser seiner letzten Zubereitung zu dem
Tode / gebrauchte Juxton dises Buch; worüber sich zugetragen / das eben
die Geschicht des Todes des Königes aller Könige auff den Tag abzulesen
eingefallen / an welchem diser König dreyer Königreiche von seinen
Vnterthanen ermordet.

Der König der hirauff fast in Gedancken blib
Als ob zu seinem Trost der Bischoff sie erkohren /
Erfreute sich im Geist und schin recht neu gebohren;
Als Juxton ihm das Blatt vor sein Gesichte legt /
Vnd zeigte daß man diß heut abzulesen pflegt.
Er schöpffte wahre Lust / daß Jesus durch sein Leiden
Sich fast den Tag mit ihm gewürdigt abzuscheiden.
Sein Geist / in dem er sich auffs neu mit Gott verband /
Schin mehr erquickt zu seyn. Doch diß beschwerte Land
Lag Ihm noch auff der Brust. Er bat für diser Leben /
Die seinen Tod begehrt / und die das Beil auffheben
Auff sein nicht schuldig Haubt. Biß daß die Mord-Schar kam
Vnd ihn von Jacobs Hoff weg / in ihr Mittel nam.

HOFFE-MEISTER.

Wenn ist ihr Grimm bedacht den Frevel auszuführen?

GRAFF.

Ihr Wütten lässet sie nicht lange Zeit verliren.
Man eilt nach Withall zu / da die bestürtzte Welt /
Ob disem Vntergang sich umb den Schauplatz stelt.
Da steht das Blutgerüst. Das ob es schwartz bezogen /
Noch nicht so schwartz als die / die Printz und Gott gelogen.
Auff diser Bün' erscheint das grause Schlacht-Altar
Mit dem verfluchten Beil.

HOFFE-MEISTER.

Was spricht die grosse Schar /
Die umb den Hoff sich dringt?

GRAFF.

Ein Theil steht gantz verzaget
Bestürtzt / und als erstarrt. Vnd weiß nicht was es fraget
Vnd wehn es fragen soll. Ein Theil siht in die Höh
Vnd wündscht daß Hoff und Stadt und Hencker untergeh.
Noch sind / hilff grosser Gott / bey so betrübten Sachen;
Die ob dem Greuel-Werck / die Seele lustig machen /
Die den verstockten Geist beschmitzen mit dem Blutt /
Vnd binden über sich ein ungeheurer Rutt.
Das zartere Geschlecht das häuffig wil erscheinen /
Vnd durch die Fenster dringt: Ist mehr behertzt zu weinen /
Vnd winselt überlaut. Die drückt ihr thränend Kind

An die entblöste Brust / die wirfft die Haar in Wind /
Die klagt den Himmel an / die fürcht sich diß zu schauen
Daß sie doch schauen wil / die heist auff Gott vertrauen
Vnd glaubt / daß (ob sie Beil und Richtklotz gleich erkänt:)
Doch zwischen Beil und Klotz sich offt das Spil verwändt:
HOFFE-MEISTER.

Wer wil nun rechte Treu in wilden Inseln[78] suchen?
Wer wird besteintes Land nicht deinen Strand verfluchen?
Was hält uns in dem Nest der tollen Mord-Schar auff!
Eilt Deutschen auff die Reiß! alsbald den ersten Lauff
Der strenge Nordwind wil dem starcken Ruder gönnen
100 Vnd man am Deutschen Port wird Segel streichen können:
Ist unser Wundsch: von hir. Wer / wo der Fluch einbricht /
Noch lange Zelt' auffschlegt; entweicht der Straffe nicht.

*Poleh.*
*Komt rasend mit halb zurissenen Kleidern und einem Stock in der*
*Hand auff den Schau-platz gelauffen.*

Vmbsonst! weicht! es ist aus! rennt hir ist nichts zu hoffen![79]
Was sucht man? Last mich loß! der Grund reist! Styx ist offen!
Geschehn! es ist geschehn! mein König! nicht umb dich:
Nein! nein! ach leider nein! es ist geschehn umb mich!
Du stirbst ohn Schuld; und ich leb' allem Recht zu wider!
Brecht Felsen! Himmel blitz' auff die verfluchten Glider!
Wie druckt mich Carols Blutt / das noch vertriffen soll!
Wie pocht mein brennend Hertz! und Stuard dir ist woll!
O was! warumb hab ich! wie hab ich mich erkühnet'
Was hab ich nicht vor Straff / und Strang / und Glutt verdinet?
Ach leider! fil ich bey dem tollen Hals-gericht!
Ach weh! wer komt mir dort so bluttig vor Gesicht?
Was Feure rauchen hir? was schwirren dort vor Ketten?
Wer wil mich gegen mir in solcher Angst vertretten?

78  V. 149. Es wird gezihlet auff das gemeine Sprichwort: Omnes Insulani
mali, pessimi autem Siculi.

79  V. 157. Poleh. Wer diser sey / ist vilen unverborgen. Ich schone noch
des eigenen Namens. Er hat bereits sich selbst abgestrafft / und seinen
Richter erlitten.

Halt auff! halt! halt! ein Heer daß man die Drommel rühr!
Der König kommt gerüst! daß man die Stück auffführ!
Trompet und Picquen fort! gebt Losung! last uns stehen!
Dringt an! last uns dem Feind hir unter Augen gehen!
Trarara! Trarara / Tra / tra / tra / ra / ra / ra!
Tra trara paff / paff / puff! paff! Ist der Feldherr nah?

101

Paff / paff! der Hauffe fleucht! der König wird geschlagen!
Last / last uns (stehn wir noch?) erhitzten Mutts nachjagen!
Wo steckt / wo kommt er hin? was schau ich? er verschwind
Wie wird mir? ists ein Traum? Ja Träume / Dunst und Wind
Bestreiten leider mich / und mein verletzt Gewissen.
Mein Hertz wird lebend noch in dieser Brust zurissen.
Verflucht sey dise Stund' in der ich mich erklehrt
Vor dich / du Mord-schar! ach! ach das ein rasend Schwerdt
Die Lufft-Röhr mir zu schlitzt / eh ihr mich angehöret!
Ach daß der schnelle Blitz mich Himmel ab versehret;
Eh ich / Verräther / mich zu euren Rotten gab!
Ach daß die lichte Glutt! ach daß ein scheußlich Grab
Mich lebend eingeschluckt / eh ich mich liß verführen!
Kom Angst / so groß du bist! laß / weil ich hir / mich spüren
Was unter irrdsche Qual / die dort die Geister nagt /
Die in dem Schwefel-Pful verzweifelnd Rasen plagt.
Weh mir! was schau ich dort? weh mir! die Rach erscheinet!
Der Straffen Wetter blitzt! heult Richter! Mörder weinet!
Wehn schleifft man? Carew dich? Wer hengt hir? Horrison?
Wie Hugo? fällst du auch in den verdinten Hohn?
Wie zittert noch dein Hertz in grauser Hencker Händen?
Wo wird man deinen Kopff / wo die vir Stück hinsenden?
In die man dich vertheilt. Hir brennt dein Eingeweid.
Leid' Hewlet / dessen Faust den Blutt-Kelch voll von Neid /
Dem König hat gewehrt! die müden Augen starren!
Last uns / ihr Richter / nicht die grausen Tag' erharren!
Eilt mit mir in die Grufft / wofern des Lebens Zil

102

Sich biß dorthin erstreckt / wofern dem Jammer-spil
Der Tod euch nicht entzeucht; so sucht auff fernem Sande
Ein sicher Wohnhauß! Ach! sagt an / in welchem Lande
Man nicht die grause Thurst einstimmig schon verfluch?
Da euch die Rache nicht mit Band und Dolchen such?

Steig Dorislaer vermumt[80] mit auff das Traur-Gerüste!
Vermumte stossen dir die Klingen durch die Brüste.
Rent in neu Albion; der Seuchen grimme Schar /
Verfolgt euch Abgekränckt' auff eure Todten Bar!
Welch scheußlich Anblick! hir prangt Cromwels blasse Leiche
Nechst Irretons Geripp' an einer Galgen Eiche.
Fort! gönnt dem Bradshaw nicht die sichre Nacht der Grufft!
Henckt ihn zu einem Schand- und Schau-Spil in die Lufft!
So must ihr in dem Port den Port der Ruhe missen!
So heist das strenge Recht die festen Särg entschlissen!
Worzu mit Specerey die Glider eingehült?
Würd' anders nicht an euch der Schluß der Rach' erfüllt?
Nein! nein! last weils noch Zeit uns disem Sturm entweichen!
Mich sol der ferne Schlag der Donner nicht erreichen.
Du / der du über uns mit hellen Augen wachst;
Vnd durch die schwartze Lufft mit glantzen Schlägen krachst;
Du / der du unter uns die grimsten Vrtheil hegest;
Vnd die Verächter stets mit schärffster Qual belegest:
Seidt Zeugen / daß ich nicht der rauen Straffen acht.
Der Welt nur bin ich gram; die Erd ist mir verdacht.
Diß Leben schmertzt mich mehr denn ein unendlich Sterben.
Glaubt imand was es sey in solcher Angst verderben?
Vnd such ich dennoch nicht ein Ende diser Noth?
Wo? wie? was schau ich dort? setzt der gerechte Gott /
Den Fürsten wider ein / nach so vil herben Stürmen?
Ach freylich! Gottes Hand pflegt Götter zu beschirmen!
Wehn crönt der Bischoff? Wie? Wehm schwert man? seh ich recht?

103

80  V. 209. Der Conte Gualdo Priorato lib. II. delle Revolutione di Francia
    so zun Venedig in dem 1655. Jahr außgegeben / gibet vor / der ander
    Vermummete so nebenst dem Hewlet auff dem Mord-gerüste gestanden
    / were der Dorißlar gewesen. Essendo schleust er / nach dem erzehlet
    wassermassen er ins Gravenhag von Vermummeten nidergestossen worden
    / »Egli Stato uno de principali Autori della morte del Re, & uno ch'oltre
    all'essere nel numero de Giudici, monte di più mascarato sul palco dell
    essecutione.« Er war einer aus den vornehmsten Vhrhebern des Königli-
    chen Todes / und ausser dem / daß er einer aus der Zahl der Blut-Richter
    gewesen / ist er noch darzu vermummet auff das Mord-gerüste gestigen
    / auff der 154. Seiten.

Erwürgter frommer Fürst! dich oder dein Geschlecht?
Worzu nunmehr bißher mit Mord und Schwerdt getobet.
Vnd Freyheit unverschämt in strengem Dinst gelobet?
Wer folgt? Wer sprützet mir Bluts-tropfen ins Gesicht?
Weh mir! wo rett ich mich? der unt're Kercker bricht!
Die Tems brennt Schwefel-blau! ich schau die Sonne zittert!
Der Tag verschwartzt! die Burg / ja Londen wird erschüttert!
Von hir! was hab ich / Ach was Laud mit dir zu thun?
Kanst du / zu meiner Straff in deiner Grufft nicht ruhn?
Armselger Wentwort! Ach! du hast durch unser wütten /
Ein unverdinte Straff' (ich steh es zu) erlitten!
Was suchst du ferner? Ach! Ach Geister tragt Geduld!
Hab ich an eurem Tod denn nur alleine Schuld?
Vnd fordert ihr allein eur Blutt von meinen Händen?
Ertzbischoff / seufftze nicht! ich wil das Traur-spil enden
Laß Wentwort / laß mich gehn! warumb vertrit man mir /           104
(Erzürnte Geister!) dort und dar die freye Thür?
Last! last mich offnen Weg zu eurer Rache finden;
Last / Wentwort / Mittel mich zu meiner Straff ergründen.
Ists müglich daß ihr noch umb mich Verfluchten schwebt?
Vnd euch aus eurer Lust / nur mir zur Angst begebt?
Nein Bischoff! Nein! du bist zu selig nur verschiden.
Nein Wentwort! Nein! du ruhst in unbewegten Friden!
Mein' Hertzens Angst vermumt sich nur zu meiner Pein;
Erfreute Geister / ach! in euren Todtenschein.

*Der König. Juxton. Thomlisson. Hacker. Die Hencker. Die Jungfrauen*
*an den Fenstern.*

I. JUNGFRAU.
   O schrecklich Schau-Gerüst!
II. JUNGFRAU.
   Soll Carl den Platz betreten?
III. JUNGFRAU.
   Sol er / wo vor sein Volck ihn schir pflag anzubeten
   In höchster Schmach vergehn!
IV. JUNGFRAU.
   Fällt er in seinem Land?
   Für seiner eignen Burg? durch eines Henckers Hand?

**I. JUNGFRAU.**

Ach hätte wehrter Printz das Schwerdt dich hingenommen /
Da wo auff blancken Feld / Heer gegen Heer ankommen!
Ach! hätte dich bey Wicht die tolle See bedeckt;
So würde nicht dein Tod mit so vil Schmach befleckt.

**VII. JUNGFRAU.**

Der Tod hat keine Schmach! die Schmach ligt auff den Richtern /
Sein Vnschuld läst sich schaun vor tausend Angesichtern.
Man wird an seiner Stirn / an den Geberden sehn /
Den unbefleckten Geist / die Tugend die wir schmehn /
Die wir / wenn Gottes Rach wird Himmel ab erscheinen
Noch werden mit vil Reu' in heisser Angst beweinen.

**I. JUNGFRAU.**

Herr scheub diß Vrtheil auf / biß mein Gesicht erblast!
Wo nicht / so nimm nur bald der Glider schwere Last
Von dem gepresten Geist.

**V. JUNGFRAU.**

105 O Schwestern! O! sie kommen!

**II. JUNGFRAU.**

Die Majestät hat gantz sein Antlitz eingenommen.
Vnd streicht / in dem sie nicht in Purpur fünckeln kan /
Mit unerschöpfftem Glantz die schönen Glider an.

**IV. JUNGFRAU.**

Itzt siht er nach dem Klotz auff dem er sol verschwinden!

**CAROL.**

Ob denn kein höher Block in Britten mehr zu finden!

**I. JUNGFRAU.**

Der vor drey Königreich mit höchster Macht besaß;
Hat kein bequemer Holtz zu seinem Tod / als das.

**CAROL.**

Man wird uns[81] leider! hir nicht vil Verhöre gönnen;

81 V. 285. Mir würde unschwer gefallen seyn dem Könige eine andere Rede
anzudichten; oder seine eigene kürtzer einzuzihen / oder auch gar / wie
sonsten in den Traur-Spilen gebräuchlich / dises alles durch einen Boten
vorzubringen: Ich habe aber darvor gehalten / man könne dises bluttige
Jammer-Spil nicht beweglicher abbilden / als wenn man disen abgekränckten Fürsten / also dem Zuseher und Leser vorstellete / wie er sich selbst
mit seinen eigenen Farben außgestrichen / in dem Anblick des Todes /

Drumb zeugt uns Thomlisson. Wir hätten schweigen können:
Idennoch zu entgehn dem rasenden Verdacht /
Als wenn durch eigne Schuld wir in die Noth gebracht:
Erfordert uns're Pflicht / durch die wir Gott verbunden /
Vnd Reich und Vaterland / daß in der letzten Stunden
Ich darthu; daß ich sey ein Mann ohn arge List /
Daß ich ein gutter Printz / und unverfälschter Christ.
Was nötig aber hir von Vnschuld vil zu handeln?
Es weiß wer Athem zeucht / und was nach uns wird wandeln /
Er weiß der alles weiß / der Well und Welt bewegt
Vnd der schon über mich ein grösser Vrtheil hegt;
Daß wir zum ersten nicht das grimme Schwerdt erwischet /
Daß auff die Freyheit uns kein Eyver angefrischet /
Der Parlamente Macht ist nie durch uns verletzt /
Sie haben sich vorher uns grimmig widersetzt.
Sie suchten aus der Faust das Krigsrecht uns zu winden:
Die sich doch überzeugt durch ihr Gewissen finden
Daß es das meine war. Gilt unser Wort nicht hir:
So red an Carlen stat so mein / als ihr Papir.
Wer beyder Vnterschrifft wil redlich überlegen /
Wird sonder Brille sehn / wer nach dem ersten Degen
In heissem Vorsatz griff. Entdeck es grosser Gott!
Ich aber: ich verzeih' und wil den hohen Spott
Der Blutschuld nicht auff sie und ihre Köpffe schiben.
(Die sauber mögen seyn!) villeicht fleust diß Betrüben /
Die Mordquell / beyderseits aus nicht-getreuem Rath!
Vns überzeugt der Geist: daß wir durch dise That
Auffs minste nicht beschwer't und möchten wol vernehmen:
Daß sie sich vor sich selbst nicht etwa dörfften schämen.
Diß aber / diß sey fern: das Carl sich so verführ /
Vnd nicht in seiner Noth des Höchsten Vrtheil spür.
Der Höchst' ist ja gerecht! und pflegt gerecht zu richten /
Auch durch nicht rechten Schluß / den Vngerecht' erdichten.
Wie Wentwort durch uns fil in nicht verdinte Pein:
So muß sein herber Tod itzt unser Straffe seyn.

da alle Schmincke und Gleißnerey ein Ende nimt / und als Dunst ver-
schwindet.

Wir müssen durch den Spruch / durch den er hingerissen:
Vnschuldig / wider Recht / auch Blut / für Blut vergissen.
Vnd geben Hals für Hals. Doch klag ich nimand an
Weil ich ein rechter Christ / von Christo lernen kan
Wie man verzeihen soll. Sagt wenn ich nun erblichen:
Sagt Juxton / wenn die Seel' aus diser Angst gewichen /
Wie willig ich vergab dem welcher mich verletzt /
Dem der mich unterdrückt / dem der das Richt-Beil wetzt /
Dem / der nach meinem Tod sich Tag und Nacht bemühet
Villeicht mir unentdeckt. Doch sihts / der alles sihet.
Ich forsche nicht mehr nach. Schreib ihnen diß nicht an.
Gott! ewig gutter Gott. Wer nur verzeihen kan
Erfüllt nicht alle Pflicht. Mein Liben dringt noch weiter!
Ich wündsche daß die Nacht zertreib' ein helles Heiter.
Daß ihr verfinstert Hertz den schwartzen greuel Fleck' /
Vnd wie es sich verstürtzt bey klarem Licht entdeck.
In Warheit Eigen-nutz hat schrecklich hir gefrevelt /
Vnd Gottes Donner-keil auff seinen Kopff geschwefelt!

Ich aber steh für euch! und bitt' / als jener riff /
Der unter rauhen Sturm der harten Stein' entschliff:
Vergib erhitzter Gott! hilff ihre Sinnen lencken!
Laß sie nach rechtem Weg' und wahrem Fride dencken.
Das sich mein Vnterthan in höchster Angst erquick /
Mein Vnterthan / den ich bey letztem Augenblick
Befehl in deine Gunst. Wer wird den Wundsch entdecken?
Ich hoff er werde noch vil aus dem Schlaff erwecken
Die diser Wind einwigt. Eur Weg ist gantz verkehrt!
Ich seh' und alle Welt daß ihr das Reich verhert /
Vmb durch ein rasend Schwerdt die Cronen zu gewinnen /
Zu theilen Land und Land. Wer lobt ein solch Beginnen?
Wenn man ohn rechtes Recht / ohn Vrsach umb sich greifft /
Wird man nicht jenem gleich / der Thetis Schaum durchstreifft
Vnd wider Völcker Recht die freye Flacke hindert /
Vnd die durch Brand und Stahl zustückten Seegel plündert?
Philetas rieb diß selbst dem grossen Grichen ein!
Wer härter raubt als ich muß mehr ein Rauber seyn.
Solt euch auff disen Weg ein heilig Fortgang segnen?
Solt euch die wahre Ruh' auff disem Pfad begegnen?

Nein sicher! wo ihr nicht Gott und den Fürsten gebt
Was beyder eigen ist: so fält / was umb euch schwebt /
Diß Wetter über euch. Ihr must dem Fürsten geben /
Vnd denen die nach ihm ihr Erbrecht soll erheben /
Vnd denen / über die der Fürst den Zepter führt /
Was Printz' und Printzen Erb' / und Vnterthan gebührt.
Gebt Gott sein eigne Kirch': Ihr selbst habt sie zustreuet:
Sie wird durch Gottes Wort und Ordnung nur erfreuet.
Mein Rath kommt hir zu kurtz. Setzt einen Reichs-Tag an /
Vnd hört was unerschreckt ein jeder sagen kan /
Der mehr des Höchsten Ehr' als seinen Nutz behertzet /
Vnd nicht mit seinem Heil und aller Wolfahrt schertzet.
Wer rührt das grimme Beil?[82] Last! last es unverletzt /
Das es nicht vor der Zeit werd an den Hals gesetzt.
Diß was mein eigen ist wil ich nicht ferner rühren /
Ich rede nicht für mich. Euch mag das Recht anführen!
Es zeig' euch eure Pflicht. Was nun das Volck angeht:
Zeugt der / der für sein Volck und Volckes Freyheit steht;
Der dessen Freyheit mehr als eignen Nutz betrachtet:
Wenn man des Volckes Heil und Leben recht beachtet /
Vnd wie es recht beherscht / und treu versichert hält;
So hat es seinen Wundsch. Wer nach dem Zepter stelt;
Reist alle Schrancken durch / und sucht ein schrecklich Ende /
Weil Printz und Vnterthan doch unvermischte Stände.
Versucht auch was ihr könnt: nennt unterdruckten frey:
Wenn Albion betraurt daß es gezwungen sey.
Vnd drumb erschein ich hir! hätt' ich diß können schlissen:
Daß man die Grund-Gesetz und Ordnung gantz zurissen /
Wenn mir des Lägers Trotz / und unbeherschte Macht /
Vnd Frevel je belibt / man hätte sich bedacht
Mich auff dem Traur-Gerüst zum Opffer vorzustellen /
Zum Opffer für diß Volck. Herr laß kein Vrtheil fällen

---

82  V. 371. Diser ist Hacker gewesen / massen aus seiner Anklag erhället /
    da ihm vorgeworffen wird /daß er bey Außführung diser greulichen That
    mit auff dem Mord-gerüste gewesen / das Mord-Beil selbst in seinen
    Händen gehabt / u.d.g. Verschmähete Majestät III. Buch auff der 402.
    Seiten.

Auff die verbländte Schaar / vor welch ich dir mein Blut
Hingeb' und den für Kirch und Reich verlobten Mut:
Verzeiht. Ich halt euch auff! wir wolten Zeit begehren /
Vmb uns zu gutter Nacht was besser zu erklären;
Man gibt uns die nicht nach. Doch was sind Worte noth
Dafern die Vnschuld spricht / und zeuget mit dem Tod.
Die hat euch itzt entdeckt mein innerstes Gewissen /
Die wündscht / wo ihr ja noch könnt etwas heilsams schlissen:
Daß euer Rath forthin dem Reich ersprößlich sey /
Vnd eure Seele selbst von grauser Schuld befrey!

JUXTON.

Ob zwar sein Gott'sdinst / Herr / durch alle Welt erschollen
Doch / weil Verläumdung denn auch rasend schertzen wollen:
Benem' er durch ein Wort der Schlangen dise Gifft.

CAROL.

Gar recht erinnert! was diß hohe Werck betrifft.
So glaub' ich fest' / es sey der Erden unverborgen:
Wie mein Gewissen steh / daß seine Seelen-Sorgen
Auff Gottes Hertze setzt / dem ich / wie je und eh'
Auch sterbend als ein Kind der Kirch' entgegen geh'
Der Kirchen die vorhin in Albion geblühet /
Die nun sich in der Irr und höchstem Kummer sihet.
Ich mißbrauch eurer Zeit!

I. JUNGFRAU.

Die Mörder kommen an!

II. JUNGFRAU.

Vermummt. Weil Boßheit nicht das Licht vertragen kan.

CAROL.

Wir haben rechte Sach' und einen Gott voll Gnaden.

JUXTON.

Der aller Fluch und Noth auff seinen Sohn geladen.

CAROL.

Man marter uns nicht mehr / als euch das Blut-Recht heist.
Wir schreyn den Höchsten an. Verzeuch biß sich der Geist
Dem Schöpffer anvertrau. Wenn wir die Händ' außstrecken
Thu deinen Schlag getrost. Langt uns das Haubt zu decken.

III. JUNGFRAU.

Diß ist die letzte Cron! wohin verfällt die Pracht!

Wohin der Erden Ruhm! wohin der Throne Macht!

CAROL.

Wird unser langes Haar auch wol dein Richt-Beil hindern?

HENCKER.

Ja!

I. JUNGFRAU.

Sol man noch den Schmuck des höchsten Haubtes mindern!

VI. JUNGFRAU.

Er streicht die Locken selbst unzaghafft auff die seit
Vnd steckt die Flechten auff.

CAROL.

Weg alle Traurikeit! 110

    Wir haben ja uns zu erquicken
    Ob unser Sachen gutem Recht /
    Vnd an dem Gott der an-wird-blicken
    Voll Gnad' und Libe seinen Knecht.

JUXTON.

Den Schau-Platz muß mein Fürst zum letztenmal beschreiten,
Den Schau-Platz herber Angst und rauher Bitterkeiten.
Den Schau-Platz grimmer Pein! auff dem ein ider findt
Daß alle Majestät sey Schatten / Rauch und Wind.
Der Schau-Platz ist zwar kurtz! doch wird in wenig Zeiten /
Auff kurtzer Bahn mein Printz das ferne Reich beschreitten /
Den Schau-Platz höchster Lust. Auff dem die Ewikeit
Mit Friden schwangrer Ruh krönt unser Seelen Leid.

CAROL.

Wir scheiden aus der trüben Nacht des Zagens;
Zu dem gewündschten Licht der schönsten Sonne!
Wir scheiden aus dem Kercker herbes Klagens /
In das gezihrte Schloß der höchsten Wonne!
Wir gehn aus dem Engen-Lande in der Engel weites Land /
Wo kein schmertzend Weh betrübet den stets-unverrückten Stand /
Nimand wird die Cron ansprechen:
Nimand wird den Zepter brechen /
Nimand wird das Erbgut kräncken /
Daß der Himmel uns wird schencken.
Nimm Erden / nimm was dein ist von uns hin!
Der Ewikeiten Cron ist fort an mein Gewin:

**VIII. JUNGFRAU.**

Wol disem! dessen Cron der Abschid so vergrösset.

**CAROL.**

Schaw' ob der Nacken nun von allem Haar entblösset.

**VII. JUNGFRAU.**

Er gibt den Mantel weg.

**III. JUNGFRAU.**

Leg ab mit disem Kleid

Was dich bißher umbhüllt / dein überschweres Leid!

**IV. JUNGFRAU.**

Er nimmt das Ritter-band und Kleinot von dem Hertzen!

**VI. JUNGFRAU.**

Der Höchst' entbünde dich mein Fürst von deinen Schmertzen /

**CAROL.**

Fahrt wol mit disem Band / Welt / Zepter / Cron und Stab.

Ade beherschtes Reich! wir legen alles ab.

Last unserm ältern Sohn / diß Ritter-Ehren Zeichen /

Nechst meinem Petschafft Ring zum Denckmal überreichen.

Nemm't ihr / weil auff der Welt ich nichts mehr geben kan

Diß Kettlin Thomlisson / diß Vhrwerck Hacker an.

Bleibt Bischoff / bleibt gegrüst / stets indenck meiner Worte.[83]

**IV. JUNGFRAU.**

Da steht die Tugend bloß.

**VI. JUNGFRAU.**

Ist nimand an dem Orte

Der mit dem letzten Dinst den grossen Fürsten ehr!

Nein! er entdeckt sich selbst!

**VI. JUNGFRAU.**

Sind keine Diner mehr!

**III. JUNGFRAU.**

Der so vil tausend vor beherscht durch einig Wincken:

83  V. 461. Juxton ist nach etlichen Tagen vor das Vnterhauß gefordert / welches durchauß wissen wollen / was dises dann vor Worte gewesen: als er hirauff etwas inne gehalten / und idweder mit Verlangen erwartet / was er doch vorbringen würde: Hat er vermeldet es hätte der König ihm hart eingebunden / seinem Eltern Sohn Fürst Carlen dem II. anzumelden / daß er durchauß seinen Tod an keinem einigen Menschen rächen solte. Massen solches der Clamor Sanguinis und andere bezeugen.

Von dem setzt alles ab noch vor dem Nidersincken!

II. JUNGFRAU.

Da geht der werthe Printz zu seinem Mord-Altar.

I. JUNGFRAU.

Der Britten Opffer-Platz und letzten Todten-Baar!

CAROL.

Steht dein Block fest?

HENCKER.

Er ist / mein Fürst recht fest gesetzet.

CAROL.

Hat uns unser Albion keines höhern wehrt geschätzet?

HENCKER.

Er mag nicht höher seyn.

CAROL.

Wenn ich die Händ' außbreit /
Verrichte deinen Streich!

II. JUNGFRAU.

O Schandfleck aller Zeit!

112

Sol der Britten Majestät sich so tiff zur Erden neigen?

Vnd ihr drey-bekröntes Haubt vor des Henckers Füssen zeigen?

CAROL.

O König der uns durch sein Blut
Der Ehren Ewig-Reich erwarb!
Der seinen Mördern selbst zu gut
An dem verfluchten Holtze starb /
Vergib mir was ich je verbrochen
Vnd laß die Blutschuld ungerochen.
Nimm nach dem überhäufften Leiden /
Die Seele die sich dir ergibt:
Die keine Noth kan von dir scheiden;
Die Herr / dich / wie du mich gelibt:
Auff in das Reich der grossen Wonne:
Erfreue mich du Lebens Sonne!
Erhalt mich unerschöpffte Macht!
*Hir lig ich! Erden gutte Nacht!*

I. JUNGFRAU.

Da ligt des Landes Heil.

IV. JUNGFRAU.

Da ligt des Landes Leben;[84]

II. JUNGFRAU.

Vnd aller Printzen Recht!

III. JUNGFRAU.

Wer wird! wer kan erheben
Was der geschwinde Streich in einem Nun zerknickt!

V. JUNGFRAU.

Was die gestürtzte Leich mit ihrem Fall erdrückt!

VI. JUNGFRAU.

Ach! beweint nicht dessen Cörper / der ein grösser Reich empfangen!
Weint über dem / was Gott hat über uns verhangen!

ALLE JUNGFRAUEN.

O Jammer! O! O grösser Schmertzen Höh.

II. JUNGFRAU.

Ach Himmel Ach!

ALLE JUNGFRAUEN.

Ach tausendfaches Weh!

*Die Geister der ermordeten Könige. Die Rache.*

I. GEIST.

Rach! Rache grosser Gott!

II. GEIST.

Rach! Rach!

III. GEIST.

Herr komm zur Rache!

IV. GEIST.

Rach über unser Blut!

V. GEIST.

Herr richte meine Sache!

---

84  V. 489. Ich schlisse mit dehnen denckwürdigen Worten / welche der Be-
schreiber des Lebens und Todes des Königs Carls sich gebrauchet. »Die
Glider der beeden Parlamente hatten ihm offtmals in ihren Bitt-Schrifften
/ Bottschafften und Declarationen verheissen / daß sie ihn zum grossen
und glorieusen König machen wolten; welches sie nun auch gehalten /
und seine vergäng- und beschwer-liche Dornen Crone / (so sie zu erst
für Ihme bereitet) in eine unverweßliche Ehren-Krohn verändert.«

ALLE.

Rach! Rache! Rache! Rach! Rach! über disen Tod!

VI. GEIST.

Rach über disen Fall und aller Printzen Noth!

I. GEIST.

Erscheine Recht der grossen Himmel!
Erschein' und sitze zu Gericht
Vnd hör' ein seufftzend Weh-getümmel /
Doch mit verstopfften Ohren nicht.

II. GEIST.

Wilst du die Ohren ferner schlissen
Sihst du nicht / wie man Throne bricht;
So laß doch dises Blutvergissen /
Gerechter ungerochen nicht.

ALLE.

Rach Himmel! übe Rach!

I. GEIST.

Rach König aller Götter.

IV. GEIST.

Rach aller Printzen Printz!

VI. GEIST.

Rach über Vbelthäter!

V. GEIST.

Rach über unser Angst.

II. GEIST.

Rach über aller Noth.

VII. GEIST.

Rach über diß Gericht.

ALLE.

Rach über Carles Tod.

DIE RACHE.

Die Donner-schwangre Wolcken brechen:
Vnd sprützen umb und umb zertheilte Blitzen aus!
Ich komme Tod und Mord zu rächen!
Vnd zih' diß Schwerdt auff euch ihr Hencker und eur Hauß!
Weh zitternd Albion! die Rache
Schwer't bey der Götter GOTT und deines Königs Blut;
Daß auff dein Grund-verderben wache /

Ein unerhörter Grimm und Plagen-volle Flut.
Reiß auff du Schlund bestürtzter Erden!
Last ab die ihr bemüht die Schuldigen zu quälen!
Aus Engelland wird helle werden /
Hört was die Rach' euch wil / ihr Furien befehlen!
Komm Schwerdt! komm Bürger-krig! komm Flamme!
Reiß aus der Tiffe vor geschminckte Ketzerey!
Kommt weil ich Albion verdamme!
Ich geb Jerne Preiß und Britten Vogelfrey!

Ihr Seuchen! spannt die schnellen Bogen!
Komm! komm geschwinder Tod! nim aller Gräntzen ein!
Der Hunger ist voran gezogen /
Vnd wird an Seelen statt in dürren Glidern seyn!
Komm Zwitracht. Hetze Schwerdt an Schwerdter!
Komm Furcht besetz' all End' und Oerter.
Komm Eigenmord mit Strang und Stahl.
Komm Angst mit allzeit neuer Qual.
Ihr Geister! laufft! weckt die Gewissen /
Aus ihrem sichern Schlaffen auff!
Vnd zeigt warumb ich eingerissen!
Mit der gesammten Straffen Hauff!
Ich schwere noch einmal bey aller Printzen König
Vnd der entseelten Leich / das Albion zu wenig
Zu dämpffen meine Glutt. Das Albion erseufft:
Wo es sich reuend nicht in Thränen gantz verteufft.

*Ende*

# Biographie

| | |
|---|---|
| **1616** | *2. Oktober:* Andreas Gryphius (eigentlich Greif) wird im protestantischen Glogau als Sohn eines evangelischen Archidiakons geboren. |
| **1621** | Der Vater Paul stirbt. |
| | Gryphius besucht das Glogauer Gymnasium. |
| **1631** | Wechsel auf das Gymnasium in Görlitz. |
| **1632** | *3. Juni:* Gryphius wechselt erneut die Schule und besucht das Gymnasium von Fraustadt. Durch Schulreden und als Schauspieler auf der Schulbühne macht er auf sich aufmerksam. |
| **1633** | Seine erste lateinische Dichtung entsteht. |
| **1634** | Er schreibt sich am Akademischen Gymnasium in Danzig ein. |
| | Gryphius' Mäzen Georg von Schönborn verleiht ihm Adelstitel und Magisterwürde und krönt ihn zum Poeten. |
| **1636** | Gryphius wird Hauslehrer beim Hofpfalzgrafen Georg Schönborner in Schönborn bei Freistadt. |
| **1638–1644** | Gryphius hält an der Universität Leiden Vorlesungen und lernt im Hochschulbetrieb herausragende Gelehrte wie etwa den Philologen und Juristen Salmasius kennen. |
| **1649** | Januar: Er heiratet Rosina Deutschländer. |
| | Berufungen als Professor nach Frankfurt/Oder, Uppsala und Heidelberg lehnt er ab. |
| **1650** | Gryphius wird Jurist bei den Glogauer Ständen. In Glogau entstehen auch die meisten seiner Trauer- und »Freuden«-Spiele. Zudem überarbeitet er seine dichterischen Texte für Sammelausgaben. |
| **1662** | Gryphius wird mit dem Beinamen »Der Unsterbliche« in die Fruchtbringende Gesellschaft aufgenommen. |
| | 1664 |
| | *16. Juli:* Gryphius stirbt in Glogau. |

## Erzählungen der Frühromantik

1799 schreibt Novalis seinen Heinrich von Ofterdingen und schafft mit der blauen Blume, nach der der Jüngling sich sehnt, das Symbol einer der wirkungsmächtigsten Epochen unseres Kulturkreises. Ricarda Huch wird dazu viel später bemerken: »Die blaue Blume ist aber das, was jeder sucht, ohne es selbst zu wissen, nenne man es nun Gott, Ewigkeit oder Liebe.«

**Tieck** Peter Lebrecht **Günderrode** Geschichte eines Braminen **Novalis** Heinrich von Ofterdingen **Schlegel** Lucinde **Jean Paul** Des Luftschiffers Giannozzo Seebuch **Novalis** Die Lehrlinge zu Sais
*ISBN 978-3-8430-1878-4, 416 Seiten, 29,80 €*

## Erzählungen der Hochromantik

Zwischen 1804 und 1815 ist Heidelberg das intellektuelle Zentrum einer Bewegung, die sich von dort aus in der Welt verbreitet. Individuelles Erleben von Idylle und Harmonie, die Innerlichkeit der Seele sind die zentralen Themen der Hochromantik als Gegenbewegung zur von der Antike inspirierten Klassik und der vernunftgetriebenen Aufklärung.

**Chamisso** Adelberts Fabel **Jean Paul** Des Feldpredigers Schmelzle Reise nach Flätz **Brentano** Aus der Chronika eines fahrenden Schülers **Motte Fouqué** Undine **Arnim** Isabella von Ägypten **Chamisso** Peter Schlemihls wundersame Geschichte **Hoffmann** Der Sandmann **Hoffmann** Der goldne Topf
*ISBN 978-3-8430-1879-1, 408 Seiten, 29,80 €*

## Erzählungen der Spätromantik

Im nach dem Wiener Kongress neugeordneten Europa entsteht seit 1815 große Literatur der Sehnsucht und der Melancholie. Die Schattenseiten der menschlichen Seele, Leidenschaft und die Hinwendung zum Religiösen sind die Themen der Spätromantik.

**Brentano** Die drei Nüsse **Brentano** Geschichte vom braven Kasperl und dem schönen Annerl **Hoffmann** Das steinerne Herz **Eichendorff** Das Marmorbild **Arnim** Die Majoratsherren **Hoffmann** Das Fräulein von Scuderi **Tieck** Die Gemälde **Hauff** Phantasien im Bremer Ratskeller **Hauff** Jud Süss **Eichendorff** Viel Lärmen um Nichts **Eichendorff** Die Glücksritter
*ISBN 978-3-8430-1880-7, 440 Seiten, 29,80 €*

## Dekadente Erzählungen

Im kulturellen Verfall des Fin de siècle wendet sich die Dekadenz ab von der Natur und dem realen Leben, hin zu raffinierten ästhetischen Empfindungen zwischen ausschweifender Lebenslust und fatalem Überdruss. Gegen Moral und Bürgertum frönt sie mit überfeinen Sinnen einem subtilen Schönheitskult, der die Kunst nichts anderem als ihr selbst verpflichtet sieht.

**Rainer Maria Rilke** Die Aufzeichnungen des Malte Laurids Brigge **Joris-Karl Huysmans** Gegen den Strich **Hermann Bahr** Die gute Schule **Hugo von Hofmannsthal** Das Märchen der 672. Nacht **Rainer Maria Rilke** Die Weise von Liebe und Tod des Cornets Christoph Rilke

*ISBN 978-3-8430-1881-4, 412 Seiten, 29,80 €*

### Erzählungen aus dem Sturm und Drang

Zwischen 1765 und 1785 geht ein Ruck durch die deutsche Literatur. Sehr junge Autoren lehnen sich auf gegen den belehrenden Charakter der - die damalige Geisteskultur beherrschenden - Aufklärung. Mit Fantasie und Gemütskraft stürmen und drängen sie gegen die Moralvorstellungen des Feudalsystems, setzen Gefühl vor Verstand und fordern die Selbstständigkeit des Originalgenies.

**Jakob Michael Reinhold Lenz** Zerbin oder Die neuere Philosophie **Johann Karl Wezel** Silvans Bibliothek oder die gelehrten Abenteuer **Karl Philipp Moritz** Andreas Hartknopf. Eine Allegorie **Friedrich Schiller** Der Geisterseher **Johann Wolfgang Goethe** Die Leiden des jungen Werther **Friedrich Maximilian Klinger** Fausts Leben, Taten und Höllenfahrt

*ISBN 978-3-8430-1882-1, 476 Seiten, 29,80 €*

### Erzählungen aus dem Sturm und Drang II

**Johann Karl Wezel** Kakerlak oder die Geschichte eines Rosenkreuzers **Gottfried August Bürger** Münchhausen **Friedrich Schiller** Der Verbrecher aus verlorener Ehre **Karl Philipp Moritz** Andreas Hartknopfs Predigerjahre **Jakob Michael Reinhold Lenz** Der Waldbruder **Friedrich Maximilian Klinger** Geschichte eines Teutschen der neusten Zeit

*ISBN 978-3-8430-1883-8, 436 Seiten, 29,80 €*

Karl-Maria Guth (Hg.)
**Dekadente Erzählungen**
HOFENBERG

Karl-Maria Guth (Hg.)
**Erzählungen aus dem Sturm und Drang**
HOFENBERG

Karl-Maria Guth (Hg.)
**Erzählungen aus dem Sturm und Drang II**
HOFENBERG